Geshe Thubten Ngawang
Genügsamkeit und Nichtverletzen

HERDER / SPEKTRUM
Band 4356

Das Buch

Umweltzerstörung ist ein weltweites Problem, das die Existenz aller Wesen bedroht. Zu seiner Lösung ist die Kraft auch der großen Religionen gefragt. Der Buddhismus hat eine Tradition der Naturbewahrung und der Offenheit für wissenschaftlichen Fortschritt. Läßt sich von der buddhistischen Tradition etwas lernen, was an die Wurzel des Problems reicht? Eine dauerhafte Lösung kann nach buddhistischer Überzeugung nur durch veränderte Einstellung des einzelnen herbeigeführt werden. Buddhistische Geistesschulung beruht auf zwei Säulen: Die Sicht der gegenseitigen Abhängigkeit allen Seins und die Eingebundenheit des Menschen in das Ganze der Welt ist die eine. Die Lehre der Gewaltlosigkeit, eine Ethik des Nichtverletzens ist die andere. Wenn die tieferen Ursachen im Geist, d. h. in den negativen Faktoren wie Gier, Haß und Unwissenheit liegen, müssen sie auch dort angegangen werden. „Der Geist geht allem voran", bei der Umweltzerstörung – und bei der Formulierung positiver Perspektiven. Geshe Thubten Ngawang und der Dalai Lama erläutern nicht nur das Verhältnis von Mensch und Natur, von Geist und „äußerer Welt", sondern formulieren daraus auch die praktischen Konsequenzen, die sich aus buddhistischer Sicht ergeben. Dargestellt wird zudem, wie Ökologie im alten Tibet funktionierte. Aber auch, wie sich das Ökodesaster auf chinesisch heute in Tibet konkret auswirkt. Ein zentrales Buch, um den interreligiösen Dialog praktisch zu machen und um der ökologischen Diskussion neue Aspekte zu geben.

Autor

Geshe Thubten Ngawang, tibetischer Gelehrter und Meditationsmeister, Lehrer und geistlicher Leiter am Tibetischen Zentrum in Hamburg. (Weitere Angaben vgl. S. 142 ff.)

Herausgeberin

Birgit Stratmann, freie Journalistin u. a. für die Publikationsabteilung von „Greenpeace". Lebt in Hamburg.

Geshe Thubten Ngawang

Genügsamkeit und Nichtverletzen

Natur und spirituelle Entwicklung
im tibetischen Buddhismus

Mit Beiträgen von S. H. Dalai Lama, Tenzin P. Atisha
und Peter von Stamm

Herausgegeben von Birgit Stratmann

Herder
Freiburg · Basel · Wien

Originalausgabe

Alle Rechte vorbehalten – Printed in Germany
© Verlag Herder Freiburg im Breisgau 1995
Herstellung: Freiburger Graphische Betriebe 1995
Umschlaggestaltung: Joseph Pölzelbauer
Umschlagmotiv: © Margrid Blädtke
ISBN: 3-451-04356-4

Inhalt

Vorwort 7
von Geshe Thubten Ngawang und Birgit Stratmann

Universelle Verantwortung und unsere globale
Umwelt 10
von S. H. Dalai Lama

Genügsamkeit und Nichtverletzen: Natur und
spirituelle Entwicklung im tibetischen
Buddhismus 18
von Geshe Thubten Ngawang

Das Natürliche und das Künstliche –
philosophische Ansichten im Buddhismus . . . 54
von Geshe Thubten Ngawang

Die Vier Grenzenlosen Geisteshaltungen: Eine
Meditation für die Wesen und ihre Umwelt. 77
von Geshe Thubten Ngawang

Ökologie im alten Tibet 92
von Tenzin P. Atisha

Ökologisches Desaster – Folgen der
chinesischen Besatzung Tibets 108
von Peter von Stamm

Der schützende Baum gegenseitiger
Abhängigkeit.
Reflexionen eines buddhistischen Mönchs zur
ökologischen Verantwortung 128
von S. H. Dalai Lama

Glossar 137
Die Autoren 142

Vorwort

Die Umweltprobleme bedrohen alle Wesen in ihrer Existenz. Aufgrund des Ausmaßes der Umweltzerstörung und der Verschwendung kostbarer Ressourcen kann ein Ausweg aus der globalen Krise nur durch gemeinsame Anstrengungen erfolgen. Ein Gesellschaftsbereich alleine – sei es die Wirtschaft, die Politik, die Religion, die Ökologiebewegung, die Wissenschaft – ist völlig überfordert, Lösungen für die komplexen Probleme zu suchen.

Der Buddhismus, der „eine Wissenschaft vom Geist", „eine Religion", „eine Lebenskunst", „eine Philosophie" genannt wird, kann in dem Prozeß der Lösungsfindung einen Beitrag leisten.

Der Dalai Lama sagte einmal: „Der wirkliche Zweck des Buddhismus ist es, allen fühlenden Wesen, insbesondere den Menschen zu dienen und zu helfen." Die Mittel, die der Buddhismus anbietet, sind universell und können auch von nichtreligiösen Menschen praktiziert werden, denn der Buddhismus lehrt in seiner Essenz Weisheit und Mitgefühl: Weisheit bedeutet hier, die Bedingtheit alles Existierenden, das abhängige Entstehen zu erkennen. Weisheit ermöglicht es uns zum Beispiel, die Ursachen der Umweltzerstörung und den Zusammenhang zwischen unserem Handeln und seinen Auswirkungen auf die Umwelt und die Wesen zu verstehen. Mitgefühl ist die Einstellung, das Leiden der fühlenden Wesen lindern zu wollen; Gewaltlosigkeit, also die Ethik, keinem Wesen zu schaden, ist die Grundlage für Mitgefühl und sollte immerzu das menschliche Handeln begleiten.

Wir brauchen Weisheit und Mitgefühl dringender denn je. Mit zunehmender Ausrichtung auf die materielle Entwicklung und den Konsum ist vielen Menschen das Bewußtsein der gegenseitigen Abhängigkeit verloren gegangen. Die Natur wird unterworfen, ausgebeutet und zerstört, der Mensch sieht sich nicht mehr als Teil des Ganzen. Aber er ist Teil des Ganzen, der Welt, und eine intakte Natur ist die Grundlage für sein eigenes Glück und das Wohlergehen aller fühlenden Wesen.

Umweltschutz geht jeden an, denn alle – auch die Verursacher der schlimmsten Umweltsünden – haben ein Interesse an der Zukunft ihrer Kinder. Die Probleme sind jedoch sehr komplex, und alle – ob Produzenten oder Konsumenten – sind an der Umweltzerstörung beteiligt. Nur wenn sie ihre gemeinsame Verantwortung erkennen und sich in aller Aufrichtigkeit bemühen, wird die Krise zu überwinden sein. Einzelne Vertreterinnen und Vertreter aus Wirtschaft, Ökologie, Wissenschaft, Politik, Religion etc. müssen zusammenkommen und Stufenpläne für einzelne Bereiche entwickeln. Ein solches Projekt wird nur dann Aussicht auf Erfolg haben, wenn es von Weisheit und Mitgefühl getragen ist. Ohne die aufrichtige Motivation, nach besten Kräften dem Wohl aller Lebewesen dienen zu wollen, werden sich die gewünschten Resultate nicht einstellen. Wir müssen unser gemeinsames Interesse erkennen und die Einsicht erlangen, daß Veränderungen unseres Verhaltens, unserer Wertvorstellungen notwendig sind. Die Fähigkeit, universelle Verantwortung zu übernehmen, erwächst aus der Kraft der Weisheit und des Mitgefühls, die im Buddhismus gelehrt werden.

All denen, die zum Entstehen dieses Buches beigetragen haben, sei an dieser Stelle gedankt, besonders den Übersetzern. Aus dem Englischen übersetzten Gerald Holtkamp, Eva Hookway und Svenja Willkomm, aus dem Tibetischen Oliver Petersen, Carola Roloff und Christof Spitz.

Buddhistische Fachbegriffe, die häufiger vorkommen, sind bei ihrem ersten Auftreten im Text kursiv gesetzt und werden im Glossar erklärt.

Geshe Thubten Ngawang und Birgit Stratmann
Hamburg, im Januar 1995

Universelle Verantwortung und unsere globale Umwelt

von Seiner Heiligkeit dem Dalai Lama

Gegen Ende des zwanzigsten Jahrhunderts stellen wir fest, daß die Welt kleiner geworden ist. Die Völker der Erde sind beinahe zu einer Gemeinschaft zusammengewachsen. Politische und militärische Bündnisse führten zu großen multinationalen Gruppen, und Industrie und internationaler Handel haben eine Weltwirtschaft geschaffen. Aufgrund der weltweiten Kommunikationsmöglichkeiten haben sich uralte Hindernisse der Sprache, Entfernung und Rassenunterschiede aufgelöst. Außerdem verbinden uns die tiefgreifenden Probleme, denen wir uns gegenübersehen: Überbevölkerung, schwindende natürliche Ressourcen und eine Umweltkrise, die unsere Luft, unsere Bäume und unser Wasser bedroht und damit auch eine ungeheure Anzahl wunderbarer Lebensformen, die die Lebensgrundlage auf diesem kleinen Planeten, auf den wir alle angewiesen sind, bilden.

Ich glaube, daß die Menschen, wollen sie sich der Herausforderung unserer Zeit stellen, ein stärkeres universelles Verantwortungsgefühl entwickeln müssen. Ein jeder von uns muß lernen, nicht nur für seine oder ihre Interessen, für die eigene Familie oder die eigene Nation zu arbeiten, sondern sich für das Wohl der gesamten Menschheit einzusetzen. Der universellen Verantwortung kommt tatsächlich die Schlüsselrolle für das Überleben der Menschheit zu. Sie bietet die beste Grundlage für den Weltfrieden, die schonende Nutzung der natürlichen Ressourcen und, indem auch zukünftige Generationen berücksichtigt werden, für einen vernünftigen, sorgsamen Umgang mit unserer Umwelt.

Sehr viele regierungsunabhängige Organisationen werden von engagierten, freiwilligen Helfern aus ehrlicher Sorge um ihre Mitmenschen getragen. Ebenso wie einzelne Menschen hat jede dieser Organisationen ganz besondere Wünsche und Bedürfnisse. Ohne unsere gemeinsamen Anstrengungen aber wären die Fortschritte, die wir hier erzielen, wesentlich geringer.

Ob es uns nun gefällt oder nicht, wir sind doch alle als Mitglieder einer großen Familie auf dieser Erde geboren worden. Ob arm oder reich, gebildet oder ungebildet, ob wir uns jener oder dieser Nation, Religion oder Ideologie verbunden fühlen, letztlich ist jeder von uns ein Mensch wie all die anderen auch. Wir alle wünschen Glück zu erleben und Leid zu vermeiden. Mehr noch, jeder von uns hat dasselbe Recht auf Glück und darauf, Leid zu vermeiden. Wenn Sie akzeptieren, daß alle Wesen in dieser Hinsicht gleich sind, spüren Sie spontan Mitgefühl und Nähe zu ihnen. Aus dieser Einstellung wiederum entsteht eine aufrichtige Haltung der universellen Verantwortung, der Wunsch, anderen aktiv dabei zu helfen, ihre Probleme zu überwinden.

Natürlich ist diese Art von Mitgefühl seinem Wesen nach friedvoll und sanft, aber gleichzeitig ist es auch sehr kraftvoll. Mitgefühl ist das Zeichen echter innerer Stärke. Dazu brauchen wir uns nicht einer Religion oder Ideologie anzuschließen. Es genügt, wenn jeder von uns seine guten menschlichen Eigenschaften entwickelt.

Gegenseitige Abhängigkeiten erkennen

Die Notwendigkeit, ein universelles Verantwortungsgefühl zu entwickeln, betrifft jeden Aspekt unseres Lebens. Geschieht heutzutage in einem Teil der Welt etwas Bedeutendes, so wird dieses Ereignis bald den gesamten Planeten etwas angehen. Deshalb müssen wir jedes größere lokale Problem in dem Moment, in dem es auftritt, als von globalem Interesse behandeln. Wir können uns nicht länger auf die nationalen, rassischen oder ideologischen Unterschiede berufen, die uns voneinander trennen, denn sonst werden wir Zerstörung und Gewalt heraufbeschwören. Im Lichte unserer neuen gegenseitigen Abhängigkeit betrachtet, ist die beste Form, die eigenen Interessen zu wahren, die Interessen der anderen einzubeziehen.

Natürlich ist gegenseitige Abhängigkeit ein grundlegendes Naturgesetz. Nicht nur unzählige Lebensformen, sondern auch die subtilsten materiellen Phänomene sind durch ihre gegenseitige Abhängigkeit bestimmt. Angefangen bei dem Planeten, auf dem wir leben, über die Meere, die Wolken und Wälder bis zu den Blumen, die uns umgeben, entstehen alle Phänomene in Abhängigkeit von feinen Energiemustern. Ohne das Zusammenwirken dieser Energien würden sich die Phänomene auflösen.

Wir müssen diese Gegebenheiten der Natur viel mehr beachten, als wir es in der Vergangenheit getan haben. Unsere Unkenntnis dieser Zusammenhänge ist direkt für viele der Probleme verantwortlich, denen wir uns gegenübersehen. Zum Beispiel ist es katastrophal, die begrenzten Ressourcen der Erde, vor allem die der Entwicklungsländer, aufzubrauchen, nur um den Konsum anzuheizen. Wenn dies unkontrolliert so weitergeht, werden wir schließlich alle darunter zu leiden haben. Wir müssen die empfindliche Matrix des Lebens respektieren und ihr erlauben, sich selbst zu regenerieren. Wie ich erfuhr, wird im Umweltprogramm der Vereinten Nationen warnend darauf hingewiesen, daß wir uns dem größten Artensterben seit 65 Millionen Jahren gegenübersehen. Diese Tatsache ist tief erschreckend. Sie muß uns die Augen öffnen für das ungeheure Ausmaß der Krise, der wir gegenüberstehen.

Die Unkenntnis der gegenseitigen Abhängigkeit hat nicht nur unsere natürliche Umwelt, sondern auch die menschliche Gesellschaft geschädigt. Wir konzentrieren unsere größten Anstrengungen, um Glück zu erreichen, auf die eigene materielle Bereicherung und den Konsum, anstatt uns umeinander zu kümmern. Wir haben uns so sehr auf diese materielle Entwicklung fixiert, daß wir, ohne es zu bemerken, die grundlegenden menschlichen Bedürfnisse nach Liebe, Güte und gegenseitiger Hilfe vernachlässigten. Das ist sehr traurig. Wir müssen uns überlegen, was den Menschen eigentlich ausmacht. Wir sind keine maschinell hergestellten Objekte. Wären wir rein mechanische Gebilde, so könnten uns Maschinen von allen Leiden befreien und unsere Bedürfnisse erfüllen. Da wir jedoch keine rein materiellen Kreaturen sind, ist es ein Fehler, allein in der äußeren Entwicklung Erfüllung zu suchen.

Im Grunde schätzen wir alle die heitere Ruhe. Um ein Beispiel zu geben: Sobald es Frühling wird, die Tage länger werden und die Sonne länger scheint, sprießen Bäume und Blumen, und alles erneuert sich. Dann sind die Menschen glücklich. Im Herbst dagegen, wenn die Blätter fallen und all die schönen Blumen welken, bis wir schließlich von lauter kahlen, nackten Pflanzen umgeben sind, verflüchtigt sich unsere Freude. Woran liegt das? Der Grund liegt darin, daß wir im tiefsten Innern ein sinnvolles, fruchtbares Wachstum wünschen und es nicht mögen, wenn die Dinge um uns her zusammenbrechen, zerstört werden oder sterben. Jede destruktive Handlung widerspricht unserer grundlegenden Natur; aufbauend wirken, sich konstruktiv betätigen, ist das Wesen des Menschen.

Damit sich Wachstum angemessen vollziehen kann, müssen wir unsere Verantwortung für die menschlichen Werte in vielen Bereichen erneuern. Politische Aktivitäten erfordern natürlich eine ethische Grundlage, aber Wissenschaft und Religion sollten ebenfalls auf einer solchen Basis gründen. Ohne die Ethik als Grundlage können die Wissenschaftler nicht zwischen wirklich förderlichen Technologien, die dem Wohl der Menschen dienen, und rein zweckmäßigen, die sich nicht an den Bedürfnissen der Menschen orientieren, unterscheiden. Die Umweltzerstörung, mit der wir konfroniert sind, ist das offensichtlichste Ergebnis dieser Verwirrung und mangelnden Fähigkeit, zwischen Nützlichem und Schädlichem zu unterscheiden. Auch in der Religion ist eine solche Unterscheidungsfähigkeit besonders nötig.

Der Zweck von Religion ist nicht, wunderschöne Kirchen oder Tempel zu bauen, sondern die positiven menschlichen Qualitäten wie Toleranz, Großzügigkeit und Liebe zu kultivieren. Alle Weltreligionen, egal, welche philosophischen Ansichten sie vertreten, sehen es als vorrangige Aufgabe an, daß wir unseren Egoismus verringern und anderen dienen. Leider verursachen die Menschen im Namen der Religion manchmal mehr Streit als daß sie ihn verringern helfen. Die Praktizierenden der verschiedenen Glaubensrichtungen sollten sich bewußtmachen, daß jeder religiösen Tradition ein ungeheurer eigener Wert innewohnt, da sie Mittel lehrt, um geistig und spirituell gesunden zu können.

Innere und äußere Abrüstung

In der Bibel gibt es einen wunderbaren Vers darüber, aus Schwertern Pfugscharen zu schmieden. Das ist ein schönes Bild: Eine Waffe wird in ein Werkzeug umgewandelt, um den grundlegenden menschlichen Bedürfnissen zu dienen; das ist ein Symbol für eine Haltung der inneren und äußeren Abrüstung. Im Geist dieser uralten Botschaft sollten wir heute die Dringlichkeit einer längst überfälligen Politik betonen: der Entmilitarisierung des gesamten Planeten.

Die Entmilitarisierung wird riesige menschliche Ressourcen für den Umweltschutz, die Verringerung der Armut und eine ausgewogene menschliche Entwicklung freisetzen. Ich hoffe, daß die Vereinten Nationen bald dazu beitragen können, daß dies Wirklichkeit wird.

Ich habe mir die Zukunft meines eigenen Landes, Tibet, schon immer auf dieser Grundlage vorgestellt. Dann wäre Tibet eine neutrale, entmilitarisierte Schutzzone, in der Waffen verboten wären und die Menschen im Einklang mit der Natur lebten. Dies ist kein bloßer Traum, sondern genau die Lebensweise, um die sich die Tibeter über 1000 Jahre lang bemühten, ehe unser Land tragischerweise besetzt wurde.

Gemäß den buddhistischen Prinzipien standen die Wildtiere in Tibet unter Naturschutz. Im siebzehnten Jahrhundert wurden die ersten Dekrete zum Umweltschutz erlassen, und so sind wir wahrscheinlich eines der ersten Länder, das mit den Schwierigkeiten konfrontiert war, die Einhaltung von Verordnungen zum Schutz der Umwelt durchzusetzen. Vor allem aber war unsere Umwelt durch unseren Glauben geschützt, der uns schon von Kindesbeinen an beigebracht wurde. Außerdem verfügten wir zumindest während der letzten 300 Jahre über so gut wie keine Armee. Tibet verwarf bereits im siebten und achten Jahrhundert den Krieg als Instrument der Politik.

Was die Zukunft betrifft, bin ich generell optimistisch. Wir haben Anlaß zur Hoffnung, weil sich unsere Einstellung der Erde gegenüber schnell verändert. Vor nur einem Jahrzehnt haben wir die natürlichen Ressourcen der Erde noch so unbekümmert verbraucht, als wären sie unbegrenzt vorhanden. Wir machten uns nicht klar, daß sich der ungebremste Konsum sowohl auf die Umwelt als auch auf die soziale Gemeinschaft verheerend auswirkte. Heute bemühen sich sowohl einzelne Menschen als auch Regierungen um eine neue ökologische und ökonomische Ordnung.

Ich sage oft im Scherz, daß der Mond und die Sterne so wunderschön aussehen; versuchten wir aber, auf ihnen zu leben, würden wir sicher unglücklich. Unser blauer Planet ist ein wunderbarer Wohnort. Tatsächlich verhält sich die Erde wie eine Mutter zu uns allen. Wir sind von ihr abhängig wie Kinder. Angesichts der globalen Probleme wie dem Treibhauseffekt und der Zerstörung der Ozonschicht sind einzelne Organisationen und einzelne Länder hilflos. Im lokalen Rahmen werden wir keine Lösung finden, sondern nur, wenn wir alle zusammenarbeiten. Unsere Mutter Erde gibt uns Unterricht in universeller Verantwortung.

Da wir begonnen haben, diese Lektionen zu lernen, läßt sich, wie ich meine, sagen, daß das nächste Jahrhundert freundlicher, harmonischer und weniger gefährlich sein wird als das jetzige. Mitgefühl, der Samen des Friedens, wird sprießen; in dieser Hinsicht bin ich voller Hoffnung. Andererseits glaube ich, daß jedes Individuum Verantwortung dafür trägt, unsere Weltfamilie in die richtige Richtung zu führen. Gute Wünsche allein reichen nicht aus; wir müssen Verantwortung übernehmen. Große Bewegungen entstehen aus der Initiative einzelner Menschen.

Ich hoffe und bete, daß jeder von uns künftig alles daransetzen wird, das Ziel einer glücklicheren, harmonischeren und gesünderen Welt zu verwirklichen.

Genügsamkeit und Nichtverletzen: Natur und spirituelle Entwicklung im tibetischen Buddhismus

von Geshe Thubten Ngawang

Das Problem unserer Zeit: Die Unersättlichkeit des Menschen

Heutzutage sind Krieg, Verelendung, Umweltverschmutzung, die Ausbreitung neuer Krankheiten häufig diskutierte Phänomene. Wahrscheinlich herrschten in der Welt schon immer viele Probleme, nur früher war dem einzelnen weniger davon bekannt. Durch die Medien wird das Individuum mit einer Vielzahl von Krisen konfrontiert, die über die ganze Erde verteilt sind; aus diesem Grund erscheint dem einzelnen das Leiden der Welt manchmal unerträglich und überwältigend. Aber auch früher war diese Welt kein Paradies. Wir wissen aus der Geschichte, daß, motiviert von Rachsucht und Gier, immer wieder Kriege geführt und Zerstörungen angerichtet wurden.

Allerdings sehen wir uns heute neuen Problemen gegenüber, die es früher in dieser Form nicht gab, besonders im Zuge der massenhaften Produktion und des massenhaften Konsums von Waren. Diese hat die Menschen sehr nach außen hin orientiert; die Zeitgenossen heute haben oft zu viele Wünsche, sind auf äußere Dinge, die leicht Begierde wecken, fixiert und geraten schnell in Verzweiflung, wenn sich ihre Wünsche nicht erfüllen. Das Grundproblem ist die Unersättlichkeit der Menschen, was äußere Objekte betrifft. Diese Geisteshaltung schlägt sich in zerstörerischem Verhalten wie Umweltverschmutzung und der Produktion von Massenvernichtungswaffen nieder. Die Wurzel des Übels liegt im Geist der Menschen, die zu große Hoffnung auf äußere Dinge setzen. Waffen allein rufen noch keinen Schaden hervor. Wenn der Geist des Menschen nicht mit so vielen Fehlern behaftet wäre, könnten sie keine Verheerungen anrichten – Waffen fallen nicht wie Hagel vom Himmel.

Das Wohl der anderen an die erste Stelle setzen

Wissenschaft und Technologie haben zweifellos Fortschritte in Gang gebracht und den Menschen das Leben in mancherlei Hinsicht erleichtert. Allerdings verläuft diese Entwicklung nicht ausgewogen, sie ist allein auf das Materielle gerichtet. Eine solche einseitig materielle Entwicklung wirkt sich nicht nur schädlich auf den Geist aus, sondern auch auf die materielle Welt. Bei der Herstellung bestimmter Artikel fallen zum Beispiel giftige Abfallprodukte an. Die gesteigerte Produktion hat eine immense Verschmutzung der Umwelt zur Folge. Leider sind dann diejenigen, die von diesen neuen Produkten profitieren, nur wenige, während der Schaden viele Millionen Menschen betrifft. So mag es sein, daß für den Produzenten, für einige Arbeiter und Konsumenten eine Ware nützlich ist, aber die Nebenwirkungen, die bei ihrer Herstellung anfallen, schaden vielen andere Menschen und der gesamten Umwelt. Angesichts des großen technischen Potentials, das Menschen heute besitzen, ist noch mehr Vorsicht beim Handeln geboten, als früher notwendig war.

Ein Grundproblem besteht darin, daß es in dieser Gesellschaft wenig Austausch gibt zwischen den Menschen, die produzieren und denen, die stärker soziale Interessen verfolgen. Beide Seiten müßten, bevor etwas produziert wird, miteinander darüber ins Gespräch kommen, ob ein Produkt nützlich ist bzw. welchen Schaden es bewirken kann. Diejenigen, die produzieren und finanziell profitieren, und jene, die den Schaden sehen und sich für die Gesellschaft engagieren, haben unterschiedliche Motivationen. Solange beide Seiten nicht zusammenkommen und eine gemeinsame Motivation zur Grundlage ihres Handelns machen, gibt es keine Aussicht, Schaden für die Allgemeinheit abzuwenden. Es wäre möglich und wünschenswert, daß beide ihre gemeinsamen Interessen entdecken und dann entsprechend handeln.

Es ist immer angebracht, für einen großen Nutzen einen kleinen aufzugeben bzw. auf einen kleinen Vorteil für sich selbst zu verzichten, wenn er vielen anderen schaden würde. Eine solche Haltung, die das Wohl der anderen an die erste Stelle setzt, ist logisch begründet, ethisch korrekt und menschlich gesehen einwandfrei. Deshalb müssen heute jene Menschen, die entsprechende Produktionsmittel zur Verfügung haben und deren Handeln für die gesamte Gesellschaft Folgen hat, sehr genau abwägen und möglichst viele Nebenwirkungen einkalkulieren, bevor sie einen Schritt unternehmen. Ihre Einstellung muß hauptsächlich von Mitgefühl und Altruismus geprägt sein, und sie sollten niemals gleichgültig gegenüber den Folgen ihres Tuns sein, z. B. was Krankheiten oder Unfälle betrifft, die durch bestimmte Produktionen entstehen.

Die Vergänglichkeit erkennen

Das Leben stellt uns immer wieder vor Probleme. Wir haben keine vollständige Freiheit, darüber zu bestimmen, was uns zustößt. Wir werden deshalb oft mit Unerwünschtem konfrontiert bzw. können das von uns Ersehnte nicht erlangen. So bemühen wir uns – zumeist mit äußeren Mitteln – ein stabiles Wohlbefinden zu erreichen, etwa indem wir uns materiell bereichern, unseren Körper stärken und verschönern oder Freundschaften schließen. Letztlich müssen wir aber feststellen, daß die Manipulation der äußeren Welt allein das erstrebte Ziel eines tiefen, dauerhaften Glücks nicht gewähren kann.

Oft machen wir uns im Leben übertriebene Hoffnung und denken, wir könnten alles zum Besseren wenden. Jede Verbesserung der Situation hängt jedoch von vielen Bedingungen ab, und es wird uns nie gelingen, alles in die von uns gewünschte Richtung zu lenken. Wir haben nicht nur die äußere Situation nicht vollständig unter Kontrolle, wir können noch nicht einmal unser eigenes Leben endgültig aufrechterhalten. Wenn uns diese Lage bewußt wird, fühlen wir uns unglücklich, erschöpft und neigen vielleicht dazu, den ganzen Tag fernzusehen oder uns dem Alkohol hinzugeben. Diese depressive Haltung geht letztlich darauf zurück, daß wir unsere Situation nicht wirklichkeitsgerecht eingeschätzt haben; wir haben uns zu viele Hoffnungen gemacht.

Bevor wir etwas unternehmen, sollten wir die Möglichkeit des Scheiterns in Betracht ziehen. Wir widmen uns der Sache zwar mit ganzer Kraft, aber in dem Bewußtsein, daß Schwierigkeiten auftauchen können. Sollten wir dann keinen Erfolg haben, wird es unserem

Geist kein Problem bereiten, und wir werden die Situation nicht als unerträglich empfinden. Es ist gut, von Kindheit an zu lernen, im Leben nicht in Extreme zu verfallen.

Äußerer Erfolg ist zudem von inneren Bedingungen abhängig, deren wir uns oft nicht bewußt sind. Wir bringen z. B. aus früheren Existenzen Gewohnheiten mit, die in diesem Leben heranreifen. Diese inneren Anlagen, im Buddhismus *Karma* genannt, kann man weder mit den Augen sehen noch fotografieren – deshalb glauben wir vielleicht nicht an ihre Existenz. Tatsächlich haben sie aber einen großen Einfluß darauf, wie sich unser Leben gestaltet und in welche Situationen wir geraten. Wenn die entsprechenden inneren und äußeren Bedingungen zusammenkommen, werden wir Erfolg haben. Wenn das nicht der Fall ist, wird das Resultat unvollständig sein.

Grundsätzlich ist es gut, eine gelassene Haltung an den Tag zu legen. Wir sollten bedenken, daß die verschiedensten Situationen im Leben auf uns zukommen. Viele Menschen werden mit zunehmender Lebenserfahrung im Alter ruhiger und entspannter. Das gilt nicht nur für religiös gesinnte Menschen. Allgemein machen Menschen im Verlauf ihres Lebens die Erfahrung, daß sie nicht alles so lenken können, wie sie wollen und geben ihre übertrieben hektische und unerbittliche Einstellung auf.

Im Buddhismus wird in diesem Zusammenhang gelehrt, daß alles *Befleckte*, d. h. alles mit *Leidenschaften* verbundene, leidhaft ist. Wir befinden uns in einem Zustand der Unfreiheit; wenn im Buddhismus von Leiden gesprochen wird, bezieht es sich auch auf diese unsere Situation, in der wir keine vollständige Kontrolle über unser Leben haben. Man kann nicht alles Unangenehme, Unerwünschte einfach aufgeben, obwohl man immer wieder aktiv versuchen sollte, die Situation zu verbessern. Die buddhistischen Schriften weisen darauf hin, daß wir nicht so sehr an unserem Körper, Namen, an Besitz oder Freunden hängen sollen. Wir sind vergänglich – das ist unsere Natur. Und wir werden von den Dingen um uns herum irgendwann getrennt werden; dennoch widersprechen unser Denken und Handeln oft dieser Einsicht. Zwar wissen wir, daß wir sterben müssen, aber wir verhalten uns nicht dementsprechend. Irgendwo hegen wir insgeheim die Hoffnung, wir könnten alle Dinge über den Tod hinaus mitnehmen, aber das ist ein Trugschluß. Wir haben keine vollständige Freiheit über unser Leben und das, was uns jetzt zur Verfügung steht. Aus dieser Erkenntnis heraus ist eine gewisse Vorsicht im Leben angebracht, so daß wir auf Probleme jederzeit vorbereitet sind. Es wäre falsch, diese Leiden einfach zu ignorieren. Wenn wir dann mit ihnen wirklich konfrontiert würden, entstünde dadurch nur zusätzliches Leid. Man kann dem Leiden nicht ausweichen oder es verdrängen. Wichtig ist es, die innere Haltung der Geduld und des Ertragens zu schulen.

Geduld ist die höchste Askese

Man muß eine feste geistige Haltung angesichts von Leiden entwickeln. Dabei ist es nicht unbedingt angemessen, für eine geringe Sache große Geduld aufzuwenden; stattdessen sollte man langfristige Ziele ins Auge fassen, die einen großen Nutzen, besonders für andere haben – das ist die erstrebenswerte Schulung der Geduld. Für solche Ziele ist es wirklich nützlich,

Schwierigkeiten zu ertragen. Der *Buddha* hat die Geduld als die höchste Askese bezeichnet, sie ist eine noch größere Askese, als der zeitweilige Verzicht auf Nahrungsmittel.

Wenn man die Vorteile der Geduld erfahren möchte, spielt es keine Rolle, ob man sich zu einer Religion bekennt oder nicht. Alle Systeme des Buddhismus lehren die Geduld, das Ertragen als eine der Grundsäulen ihrer Spiritualität. Sie ist zwar schwer zu praktizieren, aber von immenser Effektivität. Die Geduld besteht darin, nicht die geistige Kontrolle zu verlieren, auch wenn man Schaden erleiden muß. Wenn ein Lebewesen geschädigt wird, erfährt es Leid, weil es nun einmal nicht aus Stein ist. Der Geschädigte ist meistens sofort bereit, den Schaden heimzuzahlen. So kann es geschehen, daß sich Rachegefühle über Generationen fortpflanzen und viel Leid durch Gewalt entsteht.

Viel besser wäre es, wenn sich die Menschen mit den Qualitäten der Geduld beschäftigen würden. Wer Geduld übt, kann z. B. erleben, daß schädigende Einflüsse seine Kraft noch wachsen lassen. Man sollte sich bewußt sein, daß es gerade die Schwierigkeiten und Krisen sind, die dazu führen, daß man entscheidende Erfahrungen machen kann. Wenn sich alles sehr angenehm verhielte, könnte man keine echten geistigen Fortschritte erzielen. Das ist wie beim Body Building: Nur durch schweißtreibende Anstrengung kann man die Muskeln entwickeln und dann große Lasten tragen. Analog verhält es sich beim Geist: Wenn man die Erleuchtung anstrebt, muß man die Tugend der Geduld zur Vollendung bringen; ob man sie entwickeln kann, hängt von Schädigern ab.

Darüber hinaus gibt es noch die Geduld des willentlichen Annehmens von Leiden und die Geduld, Anstrengungen in Verbindung mit der Religionspraxis auf sich zu nehmen. Mit Hilfe dieser Übungen kann man den Geist reinigen und viel Kraft aufbauen. Wenn in der Gesellschaft mehr Geduld praktiziert würde, könnten viele Tragödien vermieden werden.

Manchmal haben wir vielleicht das Gefühl, daß alle Mittel ausgeschöpft sind, und es mag sein, daß wir in ernsthafte psychische Krisen geraten. Wir mögen sogar daran denken, uns das Leben zu nehmen. In der heutigen Zeit, wo immer mehr materielle Mittel zur Verfügung stehen, scheint diese Situation noch häufiger aufzutreten, als es früher der Fall war. Angesichts dieser geistigen Not ist es sehr wichtig, das innere Potential des Menschen zu erkennen und zu erschließen. Man kann etwa durch den Besuch einer Kirche oder eines Tempels neue Kraft gewinnen. Die Beschäftigung mit dem Leben der Heiligen und Religionsstifter erinnert uns an ein subtiles, weitreichendes Vermögen, das unsere alltäglichen Sorgen relativiert. Mit Hilfe von Meditation und anderen Übungen der Geistesschulung wird man einen psychischen Zusammenbruch vermeiden können.

Äußerer Naturschutz: Das Leben auf dem Planeten erhalten

Es ist die Natur aller Lebewesen, auch des Menschen, daß sie Glück wünschen und Leid vermeiden möchten. Empfindungen von Glück und Leid sind auch von äußeren Objekten abhängig. Wir sollten diese Objekte benutzen, um dem Menschen Empfindungen von Glück zu verschaffen. Das körperliche Wohlergehen des Menschen hängt von reinen, kraftvollen Naturelementen ab, von Erde, Wasser, Feuer und Wind. Alle Wesen sind von Beginn an vollständig auf die Natur angewiesen. Der Mensch hat die Grundbedürfnisse von Behausung, Nahrung und Medizin, und diese sind abhängig von der Erde, den Bäumen und Pflanzen. So ist unser inneres Wohlergehen stark an die äußere Welt geknüpft.

Was z. B. unsere Nahrungsaufnahme betrifft, sind wir von Tieren abhängig, über die wir Milch, Butter und Käse bekommen können. Die Tiere sind ihrerseits abhängig von Gräsern und anderer Nahrung. Wenn die Tiere gesund sind und gute Nahrung zu sich nehmen, können auch wir Menschen gesund sein. Ist allerdings schon die Nahrung der Tiere aufgrund der Umweltverschmutzung vergiftet oder unrein, so werden auch die Menschen darunter zu leiden haben.

Grundsätzlich sollten wir immer beachten, daß das Glück aller Wesen von den natürlichen Elementen abhängt. Für die Lebensqualität zukünftiger Generationen wird es ebenfalls unabdingbar sein, daß sie fruchtbare Böden, Pflanzen, reines Wasser und saubere Luft zur Verfügung haben. Wir haben eine besondere moralische Verpflichtung nicht nur für uns selbst und unsere Zeitgenossen, sondern auch für die Lebewesen der nächsten Jahrhunderte; wir müssen das Leben auf diesem Planeten erhalten. Aus Sicht des *Mahayana*-Buddhismus sollte man das Wohl der anderen noch mehr im Blick haben als das eigene. Wenn dieses beachtet wird, kann es sich für das Wohl unserer Zeitgenossen und sogar für die zukünftigen Generationen sehr segensreich auswirken.

Wir können Überlegungen darüber anstellen, wieviel Zeit wir in diesem Menschenleben haben und was wir wirklich brauchen. Oft handeln wir gegen unsere eigentlichen, wesentlichen Ziele und gegen die Bedürfnisse der anderen. Wir verändern nur die äußeren Umstände, planen und bereiten vor, ohne Rücksicht darauf, wer später diese Dinge zur Verfügung haben soll und was tatsächlich gebraucht wird. Oft werden bei der Produktion die Bedürfnisse des Menschen gar nicht berücksichtigt. Tatsächlich wenden sich dann die äußeren Umstände gegen den Menschen, und er wird Sklave der äußeren Bedingungen. Was ihm eigentlich zu Glück verhelfen sollte, schädigt ihn letztlich.

Innerer Naturschutz: Das Heilsame stärken

Die vier Elemente sind gewöhnlich das, was wir als Natur bezeichnen, aber es gibt auch im Innern der Lebewesen etwas, das wir im Buddhismus mit dem Begriff der Natur belegen. Der Geist eines Menschen hat seine Natur.

Der Geist wird in buddhistischen Schriften als klar und erkennend beschrieben. „Klarheit" bedeutet, daß der Geist keine materiellen Eigenschaften besitzt; er ist im Gegensatz zu Dingen, die aus materiellen Teilchen bestehen, frei von Körperlichkeit. Mit „Erkenntnis" wird ausgedrückt, daß der Geist in der Lage ist, die verschiedensten Dinge wahrzunehmen; innere und äußere Dinge können sich im Geist widerspiegeln und von ihm erkannt, untersucht und beurteilt werden. Das Kontinuum des Geistes gilt nach buddhistischer Philosophie als anfangs- und endlos, es erstreckt sich über zahllose Leben. Der Geist nimmt immer wieder nach dem Tod eine Beziehung zu einem neuen Körper auf, er verbindet sich mit den äußeren Elementen.

Grundsätzlich ist die Natur des Geistes neutral, der Geist ist an sich weder heilsam noch unheilsam. Von Natur aus wohnen dem Geist die sogenannten drei Tugendwurzeln von Haßlosigkeit, Begierdelosigkeit und Verblendungslosigkeit inne; hinzukommen noch die wichtigen Eigenschaften der Selbstachtung und der Rücksichtnahme. Wenn wir diese Faktoren in unserem Geist entwickeln, ist das eine Form des Naturschutzes. Sie sind für den inneren Naturschutz unerläßlich, denn sie bewahren uns davor, zerstörerisch zu handeln.

Wenn man z. B. die Absicht verspürt, Schädigendes auszuführen, ist es der Faktor Selbstachtung, der uns davon abhalten kann. Man nimmt seine eigene Person und Ethik zum Anlaß, diese Handlung zu unterlassen, indem man denkt: Ich bin ein Mensch, und es ist für einen Menschen nicht angemessen, so etwas Schädigendes zu tun. Ich besitze Vernunft und sollte aus diesem Grund ein solches Verhalten nicht an den Tag legen. Ich kann als Mensch langfristig denken und die Folgen meines Handels absehen; deshalb werde ich diese Handlung unterlassen, weil sie letztlich auch mir selbst schaden wird.

Auch Rücksichtnahme ist eine Form des inneren Naturschutzes. Mit Hilfe dieses Faktors lege ich mir in meinem Handeln Beschränkungen auf, aus Rücksicht darauf, wie andere ein solches Verhalten beurteilen würden. Man nimmt die Beurteilung anderer zur Begründung dafür, etwas Schädigendes zu unterlassen. Man befürchtet, daß andere Personen, die man respektiert und schätzt – etwa der eigene Lehrer –, sich Sorgen machen oder unser Verhalten mißbilligen könnten. Ohne diese beiden *Geistesfaktoren* der Selbstachtung und Rücksichtnahme wird es sehr schwierig sein, unheilsames Verhalten – sei es gegenüber fühlenden Wesen oder der Umwelt – zu vermeiden. Auch der Faktor der Achtsamkeit spielt eine große Rolle, denn man muß stets prüfen, was man gerade tut oder beabsichtigt und den Geist vor unheilsamen Taten bewahren.

Die drei Tugendwurzeln – Grundlage alles Heilsamen

Die drei Tugendwurzeln Begierdelosigkeit, Haßlosigkeit und Verblendungslosigkeit sind die Grundlage für alle heilsamen, tugendhaften Handlungen. Begierde ist eine sehr schädliche Geisteshaltung. Es ist falsch, getrieben von Unzufriedenheit, immer noch mehr haben zu wollen. Stattdessen sollte man Genügsamkeit entwickeln; sie besteht in dem Gedanken, daß das, was mir zur Verfügung steht, ausreicht. Das Leben ist kurz, vielleicht höchstens 90 Jahre, und deshalb ist es nicht notwendig, viele materielle Güter anzuhäufen; man sollte das zur Verfügung haben, was man zum Leben braucht, und nicht noch mehr begehren. Denn aus Ungenügsamkeit neigen wir oft dazu, andere Lebewesen oder die Natur zu schädigen, den Wesen körperlich Gewalt anzutun und ihrem Besitz oder ihren Beziehungen zu schaden; daraus entsteht eine Kette von schädigenden Taten. Auf diese Weise erzeugt die Begierde viele Leiden und Probleme der Menschheit. Begierdelosigkeit heißt nicht, daß man alles aufgibt, was man besitzt, sondern daß man übertriebene Wünsche zurückschraubt.

Die nächste Tugendwurzel, die man entwickelt,

um die innere Natur und damit auch die äußere Welt zu schützen, ist die Haßlosigkeit. Haß wird im Buddhismus oft mit Feuer verglichen, denn der Haß zerstört Körper und Geist wie Feuer, das riesige Flächen und Gegenstände niederbrennt. Mit einem Menschen, der unter dem Einfluß des Hasses steht, ist niemand gern zusammen. Ein wichtiger Ursprung des Hasses ist oftmals die Begierde. Diese beiden Faktoren hängen sehr eng zusammen.

Die dritte Tugendwurzel, die Verblendungslosigkeit, ist die korrekte Vergegenwärtigung. Man sieht die tatsächliche *Existenz* der Dinge und wird sich mit Körper und Geist achtsam verhalten, besonders in langfristiger Hinsicht. Auch der Gesellschaft wird man auf dieser Grundlage keinen Schaden zufügen, sondern zum Nutzen aller beitragen. Dann wird die eigentliche Natur des Geistes mit ihren Potentialen zum Vorschein kommen: Vertrauen, Tatkraft, Weisheit und alle anderen heilsamen Faktoren können entwickelt werden, da der Mensch nicht mehr der Täuschung unterliegt. Verblendungslosigkeit ist Weisheit, also eine Erkenntnis, die das Wesen eines Phänomens, seine Beziehung zu anderen, seinen Nutzen und Schaden, die Ursachen und Wirkungen zu unterscheiden vermag.

Die negativen Faktoren des Geistes beruhen auf Verblendung und Täuschung, während die heilsamen Faktoren mit der Wirklichkeit übereinstimmen. Aus diesem Grund steht das Heilsame im Einklang mit der eigentlichen Realität. Die Tugenden des Geistes sind unendlich ausdehnbar, weil die Grundlage – der Geist selbst – stabil ist und die heilsamen Faktoren des Geistes letztlich kraftvoller sind als ihre unheilsamen Gegenteile, die auf Täuschung beruhen.

Ein schlechter Verein: Gier, Haß und Verblendung

In der Darstellung des *Daseinskreislaufes*, wie sie im tibetischen Buddhismus bekannt ist, befinden sich im inneren Rad drei Tiere, die die drei Geistesgifte symbolisieren: Das Schwein steht für die *Unwissenheit*, die Schlange für den Haß und der Hahn für die Begierde. Die drei Tiere beißen sich gegenseitig in den Schwanz, denn Haß, Gier und Unwissenheit bedingen sich immer wieder gegenseitig. So entsteht z. B. aus Unwissenheit Begierde, und Begierde wiederum zieht Haß nach sich. Wenn Gier und Haß vorherrschen, nimmt die Unwissenheit zu; die drei Geistesgifte sind enge „Freunde", denn sie alle beruhen auf einer falschen Vergegenwärtigung der Situation.

Unter dem Einfluß der Unwissenheit erkennen wir die Objekte nicht korrekt, wir übertreiben die Eigenschaften von begehrten Dingen und möchten sie unbedingt haben; dadurch entsteht Begierde. Da es nicht einfach ist, diese Dinge in Besitz zu nehmen, wächst die Unruhe in der Beziehung zu anderen, die nach dem gleichen Objekt streben. Dadurch entstehen Haß, Unzufriedenheit und Mißstimmungen, da wir die anderen als Hindernis für das Erlangen unserer eigenen Ziele empfinden. Die Bereitschaft, ihnen zu schaden, wächst. Unwissenheit, Begierde und Haß bedingen einander und erzeugen all die Probleme der Menschheit. Der Respekt vor Religionen und Moral schwindet ebenfalls, da man in immer stärkerem Maß unter den Einfluß der drei Geistesgifte gerät; der Geist löst sich von religiösen Werten und sozialen Belangen, man handelt nicht mehr mit Vorsicht und Rücksicht auf Religion und Kultur.

Der große indische Meister Candrakirti hat gesagt,

daß unter dem Einfluß von Haß die Urteilskraft des Geistes hinsichtlich langfristiger, tiefgründiger und auf das Wohl der anderen gerichteter Dinge abnimmt. Selbst intelligente und gebildete Menschen sind unter dem Einfluß von Haß so verwirrt, daß sie nicht mehr in der Lage sind, die Dinge vernünftig zu beurteilen. Ein solcher Mensch vermag nicht mehr an das Wohl der anderen zu denken und sich langfristige und tiefgründige Zusammenhänge nicht mehr vor Augen zu führen. All dies geschieht unter der Herrschaft von Unwissenheit, Gier und Haß, die man auch mit einem Verein vergleichen kann; wenn sie vereint auftreten, sind sie so kraftvoll, daß die Intelligenz davon getrübt ist – ein schlechter Verein.

Glück entsteht aus Tugenden

Grundsätzlich unterscheidet man die äußere und die innere Natur; die innere Natur ist der Geist. In dem Maße, wie im Innern heilsame Qualitäten entwickelt werden, verringern sich die äußeren Probleme. So sollten wir nicht nur die äußere Natur schützen, wie es der Gedanke des Umweltschutzes nahelegt. Gerade die innere Natur, die Natur des Geistes ist beachtenswert, denn sie ist der eigentliche Grund dafür, daß auch die äußere Natur geschützt wird. Wenn die Menschen sich an heilsame Geistesfaktoren gewöhnen und gut darüber wachen, welche Faktoren in ihrem Geist entstehen, werden sie schädigendes Verhalten eindämmen können.

Diese Aufforderung zum inneren Naturschutz ist nicht als ein äußeres Gesetz, als eine Bürde zu verstehen, die uns auferlegt wird. Im Buddhismus wird erklärt, was für uns selbst und andere von Nutzen ist und was wir unterlassen sollten, um andere und langfristig uns selbst nicht zu schaden. Da wir alle Glück ersehnen und brauchen, müssen wir die entsprechenden Methoden anwenden und die äußeren und inneren Bedingungen für Glück schaffen.

Im Einklang mit dem Gesetz des *Abhängigen Entstehens*, also der gegenseitigen Abhängigkeit der Dinge, sollten wir erkennen, welche Möglichkeiten wir als Menschen haben, die wir mit Körper und Geist ausgestattet sind, und welche Tugenden es zu entwickeln gilt, damit wir die Ursachen für Glück schaffen. Die negativen Faktoren des Geistes beruhen auf falscher Vergegenwärtigung, auf Unwissenheit. Aus diesem Grund beziehen sich Haß und Gier auf unangemessene Objekte. Sie beruhen auf Täuschung. Mit Hilfe der drei Tugendwurzeln jedoch wird man das eigentliche Wesen des Geistes erkennen, und diese Erkenntnis ist sehr wichtig. In diesem Erkenntnisprozeß stützt man sich auf Begründungen und nicht auf Meinungen und Vorurteile.

Alle Wesen tragen den Keim von Mitgefühl und Weisheit in sich

Einige Philosophen behaupten, der Mensch sei von Natur aus böse und aggressiv. Aufgrund meiner buddhistischen Studien glaube ich aber sagen zu können, daß das Wesen des Menschen mehr zur Sanftmut und Rücksichtnahme neigt. Alle Wesen tragen in sich etwas, das als Grundlage für Mitgefühl dienen kann, und das ist ihr eigener Wunsch, sich selbst von Leid zu befreien und Glück zu erlangen. Sie suchen aus eigener Kraft Mittel und Wege, Leid zu vermeiden. Äußere Objekte wie Steine und Diamanten können solche Wege nicht gehen; es fehlt ihnen dafür vollkommen die Grundlage. Es ist die Natur der fühlenden Wesen, daß sie bestrebt sind, sich selbst zu nutzen und Schaden von sich abzuwenden. Die *Bodhisattvas*, also diejenigen, die die höchste Erleuchtung eines Buddhas anstreben, haben das Ziel, für alle Lebewesen Glück zu erwirken. Da man selbst ein Lebewesen ist, ist es korrekt, sich selbst Glück zu wünschen und Wege zu beschreiten, um dieses Glück zu erreichen. Eine solche Einstellung ist nicht als Begierde zu bezeichnen, sondern sie trägt den Keim des Mitgefühls in sich, und sie basiert auf einer korrekten Sichtweise.

Auf der Grundlage dieser Einstellung zu sich selbst kann man den Wunsch nach Glück auf andere übertragen. Alle Lebewesen haben die sogenannte Buddhanatur, d. h. das Potential, den Geist von allen Täuschungen zu befreien. Man muß erkennen, daß die Lebewesen die drei Tugendwurzeln in sich tragen und daß der Geist von den drei Geistesgiften Gier, Haß und Verblendung vollständig gereinigt werden kann.

Auf der Basis der Erkenntnisse über die Natur des Geistes übt man sich in den drei Tugendwurzeln und befreit den Geist schrittweise von den Faktoren, die zur Unausgeglichenheit und Unbeherrschtheit führen: den Leidenschaften. Wer die entsprechenden Gegenmittel, die die Religion lehrt, anwendet, um die Fehler des Geistes zu beseitigen, der kann eine endgültige höhere Weisheit erlangen. Ob Sie diese Weisheit in sich hervorbringen, ist allein davon abhängig, inwieweit Sie Vertrauen, Tatkraft und Anstrengung aufbringen.

Dem Geist der Wesen wohnt also etwas sehr Kostbares inne, und dieses Potential ist die Grundlage für seine Vollendung. Es ist gut, das zu wissen – nicht nur für Ausübende einer Religion. In einer buddhistischen Schrift heißt es, die Mittel der Religionen seien der „gemeinsame Nektar". Das heißt, sie stehen allen Menschen zur Verfügung, selbst wenn sie sich nicht zur Religion bekennen. Jeder kann sie nach seinem Willen anwenden.

Das gilt übrigens auch für die äußere Natur. Die vier Elemente sind ihrer Natur nach rein, aber sie werden durch naturfremde, giftige Substanzen verschmutzt. Ebenso wie der Geist können auch die Elemente gereinigt werden, da ihre eigentliche Natur endgültig nicht angetastet werden kann. Im Moment jedoch befinden sich die Elemente in einem unreinen Zustand, und dieses hat gravierende Auswirkungen auf Pflanzen, Tiere und Menschen.

Buddhismus und Frieden: Die Ethik der Gewaltlosigkeit

Meiner Überzeugung nach kann nicht eine Religion allein die verschiedenen Veranlagungen und Bedürfnisse der Menschen vollständig befriedigen. Die buddhistische Geistesschulung kann aber meines Erachtens für Menschen von Nutzen sein, die sich bisher nur für die Welt der Materie interessierten.

Wir treffen im Leben immer wieder unfreiwillig auf Probleme. Mit den üblichen Mitteln, diese zu lösen, stoßen wir jedoch manchmal an Grenzen, und es gibt Situationen, in denen die äußeren, materiellen Dinge nicht weiterhelfen. Wir richten dann zwangsläufig unsere Hoffnung nach innen und stützen uns auf unsere Weisheit. Manche Menschen treffen in dieser Situation auf den Buddhismus und stellen fest, daß ihre bisherigen Methoden nicht ausreichen, um ihnen ein glückliches Leben zu verschaffen. Einige fassen neues Vertrauen in die Religion und gewinnen die Überzeugung, daß sich der Mensch aufgrund bestimmter Bedingungen zum Guten verändern kann. Wenn wir den Unterweisungen der Religionen zuhören, über die Lehren lesen und mit anderen diskutieren, kann es sein, daß ein neues Denken in uns aufkeimt, innere Anlagen für die Religionspraxis geweckt und neue Anlagen geschaffen werden. Das ist möglich, da es auf der Welt die unterschiedlichsten Menschen und Veranlagungen gibt.

In buddhistischen Unterweisungen wird erklärt, daß das Leben des Menschen von hohem Wert ist und daß es nicht zu rechtfertigen ist, Menschen zu töten. Nie war es möglich, in kurzer Zeit alle Menschen zu Heiligen zu machen, die nur noch zum Wohle der anderen wirken. Aber wir können unser Mitgefühl ausdehnen. Die Grundlage des Mitgefühls sollte die Gewaltlosigkeit sein, das ist das Prinzip, andere Wesen nicht zu verletzen. Diese Ethik beinhaltet, daß man anderen keinen Schaden zufügt, z. B. um selbst einen Vorteil zu erlangen. In diesem Zusammenhang wird im Buddhismus die grundlegende Ethik des Vermeidens der *Zehn Unheilsamen Handlungen* gelehrt. Die erste Handlung, die es zu vermeiden gilt, ist das Töten anderer Wesen – das ist in einem weiten Sinn zu verstehen. Die Regel des Nicht-Tötens schließt allgemein das Nicht-Zerstören von Lebensräumen ein, in denen sich Lebewesen befinden. Tatsächlich sollte man nicht einmal gedanklich eine solche Tat des Tötens in Erwägung ziehen.

Im Buddhismus wird genau erklärt, welche negativen Auswirkungen es hat, andere Lebewesen zu schädigen. Zunächst macht man sich bewußt, daß die anderen ihr Leben genauso schützen wollen wie man selber. Das eigene Leben ist für ein Lebewesen das Wertvollste überhaupt, und man ist sogar bereit – etwa im Falle einer Operation – Teile des eigenen Körpers aufzugeben, um es zu erhalten. Wenn man einem anderen Wesen das Leben nimmt, ist es das Schlimmste, was man ihm antun kann. Genauso sollte man auch dem Besitz und den Beziehungen anderer nicht schaden, z. B. indem man stiehlt oder Ehebruch begeht. Nach der buddhistischen Lehre von Handlungen und ihren Wirkungen (Karma) verletzt man mit einer solchen Handlung nicht nur den anderen, sondern der Handelnde hinterläßt im gleichen Moment seiner Tat ein karmisches Potential in seinem Geist, das ihm langfristig selbst schaden wird. Bei Handlungen, die indirekt den Tod von Lebewesen bewirken, ist auch die Motivation entscheidend; wenn es dem Handelnden völlig gleichgültig ist, ob Lebewesen durch seine Tat sterben, liegt ein vollständiger Akt des Tötens vor; ansonsten handelt es sich um das Verletzen anderer Lebewesen.

Eine karmische Handlung ist vollständig, wenn vier Faktoren zusammenkommen: Die Motivation (Absicht) zur Handlung liegt vor, man trifft auf das entsprechende Objekt, die Tat wird ausgeführt und kommt zum Abschluß. Diese Anweisungen sind die Grundlage für die buddhistische Lehre, die aus zwei Hauptaspekten besteht, dem ethischen Verhalten der Gewaltlosigkeit und der philosophischen Ansicht des abhängigen Entstehens.

Über dieses Vermeiden von schädigenden Taten

hinaus ist es gut, Mitgefühl mit den Lebewesen zu schulen und damit den Wunsch zu entwickeln, anderen von Nutzen zu sein. Der Geist ist kein Stein, sondern kann entwickelt werden. In diesem Zusammenhang kennt der Buddhismus auf der Grundlage der Philosophie des Abhängigen Entstehens genaue Erklärungen, wie der Geist zu schulen ist. Diese Erklärungen sind zu allen Zeiten für den Frieden von Nutzen.

Wenn man allerdings kein Vertrauen in diese Erklärungen hat, wird es nicht möglich sein, daß sich diese hilfreichen Anweisungen für den Frieden in der Welt auswirken. Es verhält sich dann damit ähnlich wie mit einer Medizin, die man nicht einnimmt, obwohl sie der Arzt verschrieben hat. In Wirklichkeit sind diese Lehren das Mittel zur Überwindung unserer Probleme, aber es ist notwendig, sich damit zu beschäftigen, Vertrauen in ihre Inhalte zu fassen und ihren Wert zu erkennen.

Respekt gegenüber den Weltreligionen und Wissenschaften

Menschen bringen von Natur aus verschiedene Veranlagungen mit. Religiöse Lehrer der großen Weltreligionen haben unterschiedliche Mittel gelehrt, und all diese Methoden sind sehr nützlich. Alle Lebewesen sehnen sich nach Glück und wünschen, Leid zu vermeiden, und sie müssen zu diesem Zweck eigene Anstrengungen auf sich nehmen. Wir sollten uns freuen, wenn wir sehen, daß andere Menschen Religion ausüben, auch wenn die Religion nicht unsere eigene ist, anstatt Neid und Konkurrenz zu erzeugen. Tatsächlich braucht die Menschheit viele *Fahrzeuge*, d. h.

Wege, auf denen man die spirituellen Ziele erreicht; selbst innerhalb des Buddhismus gibt es verschiedene Fahrzeuge entsprechend den Veranlagungen der Schüler. Entscheidend wird sein, daß man Toleranz für die scheinbar anderslautenden Aussagen einer fremden Religion aufbringt; man sollte nicht vorschnell urteilen und respektlos sein. Man kann im allgemeinen die Qualitäten eines anderen Menschen nur sehr schwer einschätzen. Oft sind uns Dinge so verborgen wie die Glut, die unsichtbar unter der Asche liegt. Der Mensch ist nun einmal nicht allwissend, und deshalb kann ihm etwas Wertvolles als fehlerhaft erscheinen. Gerade in der Religion gibt es oft unvorstellbare Phänomene, z. B. im Zusammenhang mit den Heiligen oder den Religionsgründern. Bevor man nicht nach eingehender Beschäftigung das Gegenteil herausgefunden hat, kann man davon ausgehen, daß ein Phänomen durchaus Vorteilhaftes enthalten kann. Auch ist es wichtig, sich deutlich zu machen, daß die Fähigkeiten höherer, heiliger Wesen nicht für jeden wahrnehmbar sind. So sollten wir eine Grundhaltung des Respekts an den Tag legen, auch wenn wir die Aussagen von anderen nicht sofort verstehen. Grundsätzlich verfechten die großen Religionen eine Ethik, die in jedem Fall dazu dienen kann, nach dem Tod eine glückliche Wiedergeburt zu erlangen. Ob man die Befreiung, das Nirwana erreicht, ist allerdings aus buddhistischer Sicht davon abhängig, ob die *Selbstlosigkeit*, die ein unabhängig existierendes Selbst verneint, gelehrt und erkannt wird. Die religiösen Pfade sind von großem Nutzen für das Individuum und die Gesellschaft, und wir sollten Vertrauen dazu entwickeln. Dazu hat uns der Buddha selbst aufgefordert.

Oft erscheint es uns so, als würden Religionen noch zum Streit in der Welt beitragen. Tatsächlich ist es aber nicht der Fehler der Religion, daß es Auseinandersetzungen zwischen den Anhängern verschiedener Religionen gibt. Der Fehler entsteht, weil die Wesen, die Religion praktizieren, nicht durch einem Federstrich Heilige werden; ihr Geist ist noch mit vielen Fehlern behaftet. Sie müssen sich erst über viele Stufen hinweg auf dem spirituellen Weg schulen. Auch Maschinen sind ja nicht von sich aus schlecht, obwohl sie Unfälle verursachen. Es sind die einzelnen Anhänger der Religionen, die Fehler machen, aber deshalb ist nicht die Tradition an sich zu verwerfen. Alle Weltreligionen sind bestrebt, die innere Natur des Menschen zu reinigen; auf der Basis dieser Erkenntnis gedeiht Respekt, auch für Angehörige anderer Religionsgemeinschaften. Jede der großen Religionen der Menschheit hat meiner Meinung nach in der Vergangenheit Millionen Menschen geholfen. Wenn man allen Religionen ein grundlegendes Vertrauen entgegenbringt, heißt es nicht, daß man jede ihrer Aussagen akzeptiert, nur weil sie in heiligen Büchern niedergelegt sind. Es ist in jedem Fall notwendig, mit Begründungen zu untersuchen, ob diese Aussagen nützlich sind.

Unter den Relgionen nimmt der Buddhismus eine besondere Haltung der Toleranz und Friedensliebe, auch anderen Religionen gegenüber, ein. Auch die nicht-religiösen Traditionen, z. B. Wissenschaften werden von Buddhisten hoch geschätzt, da sie einen Nutzen für Millionen von Menschen bewirken können – zumindest kurzfristig. Die Wissenschaft hat gerade deshalb so große Macht in der Gesellschaft inne, weil sie auf materiellem Gebiet offensichtlich Neuerungen und Verbesserungen angestoßen hat; durch diese besondere Fähigkeit ist sie eng mit Politik und Industrie verflochten. Ob die Wissenschaft langfristig gesehen mehr Schaden als Nutzen über die Menschheit bringen wird, ist eine andere Frage. Ursprünglich mag die Motivation der Wissenschaftler gut gewesen sein, aber vielfach haben sie, blind von den kurzfristigen Vorteilen ihrer Sache, die negativen Folgen ihres Tuns nicht abschätzen können. Das ist vergleichbar mit dem Autofahren: Man fährt nicht in dem Bewußtsein, daß irgendwann ein Unfall passieren könnte, sondern um bestimmte Orte zu erreichen. Trotzdem kann ein Unfall geschehen, den man nicht einkalkuliert hat, weil man sich vor allem auf die Vorzüge des Autofahrens konzentriert hat. Auf lange Sicht können die kurzfristigen Vorteile durch den Schaden zunichtegemacht werden. Wissenschaft und Religion sollten sich also verständigen und Schaden und Nutzen neuer Entwicklungen gemeinsam abwägen. Diejenigen, die tieferen Einblick haben, müßten einen größeren Einfluß auf Wissenschaft und Industrie nehmen.

Religion ist wirkungsvoller als die beste Medizin. Natürlich müssen wir Vorsicht walten lassen und falsche religiöse Konzepte von echten religiösen Lehren unterscheiden. Falsche Konzepte erkennt man daran, daß nicht-qualifizierte Lehrer auftreten, die – getrieben von eigenen Wünschen und Begierden – ihre eigenen Irrlehren vermitteln. Viele Menschen folgen ihnen, und es entstehen eine Reihe falscher Strömungen. Problematisch an diesen Lehren ist vor allem, daß sie nicht auf der Basis einer altruistischen Motivation vermittelt werden. Wenn ein Lehrer nicht von Herzen Mitgefühl entwickelt hat, sind auch seine Lehren nicht wertvoll. Die Stifter der großen Weltreligionen handelten alle auf der Grundlage reinen Mitgefühls, deshalb sind diese Traditionen verläßlicher als die meisten neuen Strömungen. Allerdings sind auch ihre Lehren im Laufe der Jahrhunderte durch ihre Anhänger mit falschen Konzepten und Auffassungen vermischt worden. Aus diesem Grund sollte man am Anfang die Religion eingehend studieren und nicht gleich wahllos meditieren.

Buddhismus – eine Brücke zwischen Religion und Materialismus

Einige religiöse Menschen verfechten die Auffassung, daß es nicht sinnvoll ist, die äußere Welt zu verbessern und Fortschritte auf materiellem Gebiet zu erzielen. Sie widmen sich allein ihrem Glauben und ihrem Geist und wirken manchmal weltfremd und realitätsfern. Im Buddhismus ist diese Haltung nicht so verbreitet, weil man sich an logischen Erklärungen orientiert. Manche Menschen glauben sogar, daß der Buddhismus keine Religion sei, sondern eine Wissenschaft des Geistes, und das läßt sich durchaus vertreten. Allerdings schließt sich beides nicht aus. In der buddhistischen Philosophie werden viele Begründungen gegeben, wie man sie sonst nur aus der Wissenschaft kennt; die Argumente sind Teil der Religion. In den buddhistischen Schriften gibt es z. B. zahlreiche Erklärungen und Debatten über beständige und unbeständige, materielle und nicht materielle Phänomene, über die verschiedenen Sinnesbereiche und die gesamte äußere Welt. Es geht also nicht um blinden Glauben, sondern man bedient sich des Verstandes, der logischen Fähigkeiten des Menschen.

Allerdings sind die Buddhisten keine Materialisten. Sie nehmen ihre *Zuflucht* zum Buddha, dem Lehrer und zum Dharma, der Lehre, die die eigentliche Zuflucht ist. Buddhisten versuchen nicht, ein sogenanntes reines Vertrauen ohne Überzeugungen zu entwickeln, sondern ein überzeugtes Vertrauen auf der Basis von Begründungen. Ein solches Vetrauen ist wesentlich stabiler und langfristig wertvoller als ein spontanes Vertrauen. Es wird von dem Praktizierenden nicht einfach verlangt, daß er Vertrauen aufbringt, sondern er wird ermutigt, Begründungen für sein Vertrauen zu suchen. In den Schriften wird genau analysiert, was das Wesen des Vertrauens ist, wie man Vertrauen entwickelt, was fehlerhafte Formen von Vertrauen sind und welche Fehler und Qualitäten der Geist überhaupt hat.

Neben zahlreichen logischen Untersuchungen, die wissenschaftlich anmuten, kennt der Buddhismus sehr viele Gottheiten wie Buddhas, *Bodhisattvas* und andere *Heilige*. Im Mahayana-Buddhismus sind diese Gottheiten wahrscheinlich noch zahlreicher als in den anderen Religionen. So trägt der Buddhismus gleichermaßen die Züge wissenschaftlichen Denkens und des Glaubens. Damit ist der Buddhismus prädestiniert, eine Brücke zwischen jenen Menschen zu sein, die nur auf die materielle Welt vertrauen und alles mit Begründungen untersuchen und denjenigen, die einem spontanen, kindlichen Glauben anhängen. Beide Einstellungen sind Extreme, und es wäre gut, eine Verbindung zwischen dem Interesse an materiellen Vorgängen und den geistigen Phänomenen, d. h. dem religiösen Vertrauen zu schaffen.

Tatsächlich brauchen wir, um das Glück der Wesen zu bewirken, innere und äußere Bedingungen; eines allein reicht nicht aus. Wir müssen uns sowohl um das materielle Wohl der Wesen kümmern als auch um das geistige. Das letztliche Glück der Wesen entsteht nur durch die Lehre, die Religion, aber für das zeitweilige Glück sind wir auch auf äußere Umstände angewiesen. Nur auf der Grundlage äußerer Bedingungen können wir Religion ausüben. Der Buddhismus kennt die sogenannten *fünf Wissensgebiete*, und es wird immer wieder betont, daß es notwendig ist, alle fünf Wissensgebiete zu kennen und zu üben, wenn man Buddhaschaft erlangen will; denn Buddhaschaft ist ein Zustand der Allwissenheit. Zu diesen fünf Wissensgebieten zählt nicht nur die Religion, sondern auch das Handwerk und die Medizin – also ein Wissen, das sich mehr auf äußere, materielle Dinge bezieht.

Die wichtigste unter den Wissenschaften ist jedoch die Religion, denn erst aufgrund der richtigen inneren Einstellung können wir die Hoffnung haben, daß auch die anderen Wissensgebiete, die für die Wesen nützlich sind, entsprechend zum Wohle der Wesen angewendet werden. Wenn die innere Einstellung nicht stimmt, können die äußeren Wissenschaften Schaden anrichten. Liebe und Mitgefühl sind die beste Grundlage für jede Arbeit – auch die wissenschaftliche. Allerdings erwirbt man diese Tugenden nicht von heute auf morgen. Liebe und Mitgefühl müssen so eng mit dem Geist verbunden sein wie der Duft mit einer Blume. Es reicht nicht, das Heilsame nur im Kopf zu haben, man muß es bis ins Herz durchsickern lassen. Das Mitgefühl des Herzens ist von größtem Wert – für den Praktizierenden selbst und für alle anderen; man braucht es 24 Stunden am Tag.

Ich glaube, daß der Buddhismus in der Lage ist, zwischen dem Materialismus und der Religion zu vermitteln und eine Annäherung zwischen Menschen und Gruppen zustandezubringen, die dem einen oder anderen zuneigen.

Probleme mit der Meditation

Manchmal sagen mir Menschen, daß Meditation bei ihnen Probleme hervorruft. Das kann geschehen, wenn man nicht unter der Obhut und Anleitung von qualifizierten Lehrern innerhalb einer Traditon meditiert. Probleme entstehen, weil wir in einer Zeit leben, in der wir Zugang zu allen möglichen Wissensgebieten haben und vieles vermischt wird. Außerdem leben wir in einer Zeit, die sehr hektisch und geschäftig ist. So meinen wir oft, keine Zeit zu haben, um uns einer Sache, z. B. der Religion, vollständig zu widmen. Stattdessen versuchen wir, mit Gewalt schnelle Resultate zu erreichen und enden damit, nur etwas Unvollständiges zu entwickeln. Wir erleben so nicht den ganzen Geschmack der Lehre, sondern wenden nur Teile an, weil wir nicht auf qualifizierte Lehrer vertrauen.

Wenn man mit großer Anstrengung und mangelnder Vorsicht meditiert, können Probleme in den Nervenbahnen auftreten, die sehr schwer zu beseitigen sind. Viel besser ist es, zunächst die Religion, z. B. den Buddhismus, korrekt zu studieren, etwa indem man sich mit den *Vier Edlen Wahrheiten* befaßt. Auf der Grundlage dieser Lehren weiß man dann, was man eigentlich beseitigen will und was es zu erreichen gilt. So erläutert die erste Wahrheit, was das Leiden ist, das man aufzugeben hat. In der zweiten

Wahrheit wird man damit vertraut gemacht, was die Ursachen für dieses Leiden sind. Diese Ursachen sind schwerer zu beseitigen als äußerer Schmutz, denn es sind befleckte Handlungen und Geistesplagen, die das Leiden der Wesen bewirken; die Geistesgifte sind tief in uns verwurzelt und können nur durch eine kontinuierliche, tiefgehende Praxis beseitigt werden. Mit Gewalt und unvollständigen Lehren lassen sich die Leiden nicht ausmerzen. Wenn wir über diese Zusammenhänge etwas lernen, werden wir erkennen, daß die Ursachen des Leidens vergänglicher Natur und deshalb zu beseitigen sind; das Leiden kann tatsächlich überwunden werden. Dieses wird in der dritten Wahrheit gelehrt, der Wahrheit von der Beendigung des Leidens und der Leidesursachen. In der vierten Wahrheit erklärt der Buddha, welchen Weg wir beschreiten müssen, um das Leiden endgültig zu beenden: Auf der Grundlage der Ethik (das Vermeiden der Zehn Unheilsamen Handlungen) übt man Konzentration, um den Geist zu sammeln. Auf der Grundlage des gesammelten Geistes muß man die Weisheit schulen, die die Wirklichkeit korrekt erkennt. Mit einer solchen Meditation, die Konzentration und Weisheit auf der Basis von Ethik miteinander verbindet, können alle Fehler des Geistes mit ihren Samen beseitigt werden. Das wird als „Die Drei Höheren Schulungen" bezeichnet; sie sind das eigentliche Mittel, um alle Probleme im eigenen Geist zu lösen. Wir sollten sie zuerst studieren und ihre Vorzüge erkennen.

Wenn wir meditieren, ohne die Gegenmittel gegen unsere Fehler zu kennen, bestehen Gefahren – es ist, als würde man ein Schwert besitzen, das auf beiden Seiten scharf ist. Bei unsachgemäßem Gebrauch kann es geschehen, daß man sich das Schwert in den Hals schlägt. Viel besser ist ein Schwert, das nur auf einer Seite scharf ist; dies kann man gut handhaben, ohne daß man sich selbst schadet. Man beseitigt das Unerwünschte, ohne sich zu gefährden. Wichtig ist in jedem Fall, daß man an die Meditation nicht mit Eile herangeht: Wir sollten uns auf einen langen Prozeß einstellen und entspannt an die Geistesschulung herangehen. Auch eine Haltung des Mitgefühls ist wichtig, da sie unseren Geist natürlicherweise ruhiger stimmt.

Wir sollten die tiefen Urgründe des Leidens erkennen und sehen, daß wir die Gegenmittel über lange Zeit werden anwenden müssen. Das läßt sich mit einer chronischen Krankheit vergleichen, bei der man auch nicht erwartet, daß man in kürzester Zeit geheilt wird. Hervorragend ist es, wenn man auf der ethischen Grundlage, anderen nicht zu schaden, daran arbeitet, sein eigenes Leiden und die Ursachen dafür zu beseitigen. Noch besser ist es, eine Einstellung des Mitgefühls hervorzubringen, die hauptsächlich auf das Wohl der anderen gerichtet ist. Auch in diesem Zusammenhang muß man Konzentration schulen, wobei man über neun Stufen schließlich *Geistige Ruhe*, Samatha erreicht. Auf der Grundlage von Geistiger Ruhe kann man die Weisheit meditativ einüben, die die eigentliche Daseinsweise der Phänomene erkennt und unterscheiden kann, was nützt und was schadet. Auf dieser Grundlage kann man die begründete Hoffnung hegen, nicht nur die eigenen Probleme zu lösen, sondern auch für andere von größtem Nutzen zu sein. Das ist das letztliche Ziel der Meditationspraxis. Wenn man mit solchen hervorragenden Einstellungen, die aus dem Studium der Religion erwachsen, meditiert, werden keine Probleme aufkommen, und für uns selbst und für andere wird der größte Nutzen entstehen.

Wenn man dagegen ohne Kenntnis über den Zweck der Meditation mit übereilten Anstrengungen meditiert, können sich verschiedenste Komplikationen ergeben, für die man aber nicht die Meditation als solche verantwortlich machen sollte. Wichtig ist es vor allem, unter der Obhut eines qualifizierten geistigen Lehrers zu stehen, der im Fall von Schwierigkeiten den rechten Weg weisen kann.

Meditation und politisches Engagement

Meditation ist wichtig, aber sie wirkt langfristig und indirekt; sie kann unmöglich Umweltschäden direkt beheben und konkreten Umweltschutz leisten. Gerade am Anfang, wenn der Geist noch nicht sehr kraftvoll und die Meditation wenig effektiv ist, ist ein ausgewogenes Verhältnis zwischen Geistesschulung und politischem Engagement wichtig. So ist es zum Beispiel sehr gut, morgens vor der Arbeit eine gewisse Zeit zu meditieren.

In dieser Phase der Besinnung richtet man seine Motivation für den Tag aus und nimmt sich vor, Mitgefühl und Güte in sich zu stärken und die Türen zum Leiden nicht nur für sich selbst, sondern für alle fühlenden Wesen schließen zu wollen. Wenn man diese Geisteshaltung jeden Tag immer wieder hervorbringt und sich auch während der Arbeit daran erinnert, werden sich langfristig gute Resultate einstellen. Der Geist wird kraftvoller, und der Übende lernt, sein Handeln und Denken heilsam auszurichten. Auf dieser Grundlage wird er besser in der Lage sein, die

Folgen seines Tuns abzuschätzen und bestrebt sein, anderen Wesen nicht zu schaden. So ist die Meditation ein Mittel, das langfristig und indirekt gegen die Umweltzerstörung wirkt. Durch Meditation verändern sich Einstellungen, auf deren Basis sich über Jahrzehnte konkrete Veränderungen auf materieller Ebene herbeiführen lassen. Wer z. B. seinen Geist in der Meditation liebender Güte geschult hat, wird es vermeiden, Lebewesen zu töten oder zu verletzen. Wer sich in Genügsamkeit geübt hat, wird nicht willkürlich die Ressourcen der Erde verschwenden.

Schnelle Resultate sind mit Meditation nicht zu erreichen, und die Geistesschulung gewöhnlicher Wesen, wie wir es sind, bewirkt alleine keinen Umweltschutz, wenn sie sich nicht in Taten äußert. Umweltschäden, die Verschwendung von Ressourcen und die Verschmutzung der Umwelt werden direkt durch materielle Mittel beseitigt. Im Fall der Umweltverschmutzung muß man zuerst an der Natur selbst den Schaden beheben. Meditation allein ist nicht geeignet, direkt und sofort die materiellen Verhältnisse zu verbessern.

Die Arbeit der Ökologiebewegung ist sehr wertvoll, denn konkretes Handeln ist wichtig. Diejenigen, die ökologische Arbeit leisten, müssen dieses jedoch mit einer guten Motivation tun und sich klar überlegen, welche Ziele für das Gemeinwohl sie anstreben und wie sie diese erreichen wollen. Weisheit und Mitgefühl, die die Basis für politisches Engagement sein sollten, lassen sich durch Meditation Schritt für Schritt entwickeln.

Im Moment haben wir drängende Umweltprobleme zu lösen, und was wir im dieser Situation brauchen, sind Resultate, die sich innerhalb von Wochen oder

Monaten erzielen lassen. Alle gesellschaftlichen Bereiche müssen an diesem Prozeß beteiligt sein und nach Lösungen suchen – die Verantwortlichen in Wirtschaft, Wissenschaft, Politik und Religion ebenso wie die einzelnen Mitglieder der Gesellschaft. Sicher wird der einzelne seine materiellen Ansprüche zurückschrauben müssen, und die Industrie wird daran arbeiten müssen, ökologisch verträglich zu produzieren.

Die Lehre des Buddha – der Weg zu dauerhaftem Glück

Ich habe versucht darzustellen, wie die Lehre des Buddha und seiner Nachfolger der Gesellschaft nutzen kann. Wenn wir Studien darüber anstellen, können wir Vertrauen in diese Lehre entwickeln, da sie eine gute Grundlage besitzt: Die Lehre geht vom Buddha selbst aus. Der Buddha ist ein Wesen, das allein aus Mitgefühl gelehrt hat, und er hat nur jenes Wissen an seine Schüler weitergegeben, das er selbst erfahren hat. Die Mittel, die der Buddha lehrt, sind ausschließlich dazu gedacht, den Lebewesen zeitweiliges und endgültiges Glück zu verschaffen. Die Lehren sind wahr, weil sie ganz aus Mitgefühl gesprochen wurden. Der Buddha hatte keinerlei Motivation, Menschen irrezuführen oder sie gar zu belügen. Wenn er wußte, daß eine Erklärung anderen nützen würde, hat er sie gegeben; ansonsten hat er sich in Gleichmut geübt und darauf verzichtet, eine Antwort zu geben, wenn er voraussah, daß sie in jedem Fall vom Zuhörer mißverstanden würde und zu falschen Ansichten führte. Gerade das Schweigen zeigt die Weisheit und das Erbarmen des Buddha.

Wir gewöhnlichen Menschen stützen uns oft auf Lügen, weil es uns an Kraft mangelt. Wir meinen, nicht das nötige Geld, nicht genug Freunde oder Ansehen zu haben, und deshalb begehen wir negative Handlungen. Der Buddha dagegen braucht kein Geld, keine Freunde und keinen großen Namen; er ist frei von den Einstellungen, so etwas besitzen zu wollen und hat sich von allem weltlichen Streben losgesagt. Wir lesen in seiner Lebensbeschreibung, daß er als Prinz allen weltlichen Wohlstand aufgegeben hat. Später, als er im Kampf mit dem Bösen (Mara) mit Waffen angegriffen wurde, verwandelten sich diese in Blumen – aufgrund seiner Meditation des Mitgefühls. Ein Wesen, das in dieser Weise in der Lage ist, Schaden in Nutzen umzukehren, kann nur nützliche Dinge lehren.

Der Buddha hatte die Fähigkeit, in die Zukunft zu schauen, und so lehrte er entsprechend der Veranlagung der Wesen zu interpretierende und endgültige Lehren. Da der Buddha auch Aussagen getroffen hat, die zu interpretieren sind, um bestimmten Schülern mehr zu entsprechen, muß man seine Lehre prüfen wie Gold. Wenn man Gold prüft, wird man es schneiden, brennen und durch andere Vorgänge untersuchen. Genauso haben viele Gelehrte in Indien die Aussagen des Buddha untersucht und befunden, daß sie wertvoll sind. Die Gelehrten wie die großen indischen Meister Nagarjuna und Asanga haben diese Lehre zusammengefaßt und in ihren Werken kommentiert. Diese Meister haben ihre Kommentare allerdings nicht willkürlich und nach eigenem Gutdünken verfaßt, sondern sie haben sich immer auf die Aussagen des Buddha selbst gestützt, die sie mit Hilfe der Logik untersuchten. Später gelangte die Lehre nach Tibet und andere Länder Asiens und bewirkte auch dort einen großen Nutzen für die Menschen.

Gerade für die heutige Zeit können die buddhistischen Lehren auch im Westen hilfreich sein. Bei der Darlegung der Lehre ging es im wesentlichen darum, den Wege zu dauerhaftem inneren Glück zu weisen. Mit der massenhaften Produktion materieller Gegenstände im Industriezeitalter wird diese Problematik immer bedeutsamer. Das ist aus buddhistischer Sicht ganz verständlich, denn die äußeren Dinge sind in ihrem Wesen befleckter Art und haben als solche nicht nur die erwünschten positiven Auswirkungen, sondern auch negative. Wenn wir uns das Leben des Buddha und die Geschichte des Buddhismus vor Augen führen, können wir folgern, daß auch für uns heute ein Nutzen daraus sehr wahrscheinlich ist. Wenn man sich allerdings nicht in der religiösen Praxis bemüht, wird sie auch keine Früchte tragen. Ein Kind kann zwar gute Eltern haben, die ihm weise Ratschläge geben, aber wenn es nicht zuhört, werden diese Anweisungen kaum etwas bewirken können. Ihre Ratschläge werden einfach verlorengehen und kommen nicht zur Anwendung.

Wenn wir der Lehre des Buddha tatsächlich Vertrauen schenken, können wir sie auch anwenden. Wir können aber nicht von der trügerischen Hoffnung ausgehen, daß geistige Fortschritte sehr schnell erfolgen werden. Wir sollten niemals in Extreme verfallen, sondern bedenken, daß es in jedem Jahrhundert der Geschichte beflecktes Glück und Leid gab. Die Sprachen, Nahrungsmittel mögen von Land zu Land verschieden sein, aber die Probleme waren immer da. Überall können wir eine Mischung aus Glück und Leid feststellen – das gilt für die Herrscher ebenso wie für das Volk. Wir sollten uns also geistig darauf vorbereiten, daß wir im Leben nicht nur auf Glück, sondern auch auf Probleme treffen werden und diese Tatsache akzeptieren. Eine solche Ansicht, die auf Weisheit beruht, wird sehr hilfreich sein im Auf und Ab des Lebens.

Religiöse Anweisungen in die Tat umsetzen

Die religiösen Lehren allgemein und speziell die buddhistischen Lehren haben gerade für die moderne Gesellschaft mit ihren vielfältigen Problemen einen großen Nutzen. Dieser ergibt sich in erster Linie durch die Schulung des Geistes. Tugenden wie Mitgefühl, Liebe, Genügsamkeit und Geduld werden vor allem in den Schriften des Mahayana-Buddhismus, die für die Bodhisattvaschüler gedacht sind, genau erklärt. Wenn man diese Lehren allerdings nicht anwendet, können sie ihr Potential auch nicht entfalten, und die menschliche Gesellschaft wird sich nicht wirklich fortentwickeln. Die Menschen sind die einzigen Wesen in dieser Welt, die Religion verstehen können. Die religiösen Lehren sind fundiert, und die Anweisungen entsprechen der Realität; sie können große Veränderungen bewirken.

Wir sollten langfristig denken und nicht alles von heute auf morgen erwarten und dann enttäuscht sein, wenn Hindernisse auftreten. Entscheidend ist, daß wir Vertrauen fassen und uns daran machen, die religiösen Anweisungen zu verstehen und zu praktizieren. Dieser Schritt hängt von jedem einzelnen selbst ab.

Das Natürliche und das Künstliche – philosophische Ansichten im Buddhismus

von Geshe Thubten Ngawang

Normalerweise verstehen wir unter Natur die äußere Welt: Wälder, Meere, Tiere, Blumen usw. Das Gegenteil des Natürlichen ist für uns das Künstliche: vom Menschen geschaffen, planmäßig hergerichtet, nicht ursprünglich in der Natur vorhanden.

Im Buddhismus können sich die Begriffe Natur und Künstliches nicht nur auf äußere Dinge beziehen, sondern auch auf innere. Die Fragen nach der „endgültigen Natur der Phänomene" und der „Natur des Geistes" sind zentral in der buddhistischen Philosophie. Gewöhnlich sind die Menschen sehr mit der äußeren Welt, der Materie, dem Körperlichen beschäftigt; sie bewegen sich vornehmlich im Bereich des Künstlichen. Aber die Welt erschöpft sich nicht im Äußeren, Künstlichen. Es ist wichtig, sich darüber klar zu werden, wie die endgültige Natur der Dinge beschaffen ist, die sich hinter dieser äußeren Welt verbirgt. Auch gilt es zu erkennen, wie die Natur, die Seinsweise des Benutzers ist, der von den äußeren Dinge umgeben ist, auf sie einwirkt und sie erlebt. Dies zu erkennen ist Grundlage dafür, daß sich unser Verhalten gegenüber den Lebewesen und der Umwelt zum Guten verändert.

Die Natur des Geistes:
Natürliches und künstliches Bewußtsein

Die Natur des Geistes wird in den verschiedenen buddhistischen Schulen unterschiedlich dargelegt. Im folgenden werden zwei Erklärungen herausgegriffen – die des *Vollkommenheitsfahrzeugs*, also nicht-tantrischen Zweiges des Mahayana, und die des *Tantra*, der nicht-allgemeinen, geheimen Lehren des Buddha innerhalb des Mahayana.

„Die Natur des Geistes ist klar und erkennend"

In den Schriften Maitreyas wird gelehrt, daß „die Natur des Geistes Klares Licht ist und Befleckungen vorübergehend" sind. Ebenso wird erklärt, daß das charakteristische Merkmal des Bewußtseins „Klarheit und Erkenntnis" ist. Diese Aussagen beziehen sich insbesondere auf unser Geistiges Bewußtsein (und nicht auf die fünf Sinnesbewußtseinsarten). Denn dem Geistigen Bewußtsein kommt eine besondere Bedeutung zu: Es existiert als ununterbrochenes Kontinuum, das sich von Geburt zu Geburt fortsetzt. Die Natur des Geistes als klar und erkennend läßt sich mit folgendem Vergleich verstehen:

Eine Wolkenanhäufung im Himmel ist gerade vergangen, und bevor sich wieder neue Wolken bilden, erscheint der klare Raum. So wie sich im klaren Raum Wolken bilden, kommen in unserem Geist tagtäglich eine Vielzahl von Gedanken auf. Wenn ein vorhergehender Gedanke vergangen und der neue noch nicht entstanden ist, gibt es dazwischen einen Moment, in dem sich die bloße klare und erkennende Natur des Bewußtseins deutlicher manifestiert. Dieser Zustand ist von subtilerer Natur als die Gedanken; er ist zwar ebenfalls ein Zustand des Geistigen Bewußtseins, aber nicht von dem begrifflichen Denken beeinträchtigt. Man kann gewissermaßen von einem „rohen" Geisteszustand sprechen, denn das Bewußtsein befindet sich in einem natürlichen Zustand, anders als in den Phasen, in denen das Bewußtsein von gröberen Gedanken beeinflußt und verändert ist.

Die Gedanken verdecken gewissermaßen die natürliche Beschaffenheit des Bewußtseins. Obwohl es sich grundsätzlich auch beim begrifflichen Denken um Bewußtsein handelt, das klar und erkennend ist, befindet es sich aufgrund der Beeinflussung durch Gedanken in einem „künstlichen" Zustand. In seinem natürlichen Zustand jedoch ist der Geist klares Licht.

Das bedeutet, die Essenz des Geistes, sein eigentliches Wesen, ist seine Klarheit und Erkenntniskraft. Gedanken, Gefühle, negative Eigenschaften wie Habgier, Haß usw. sind nur vorübergehende, periphere, künstliche Phänomene, die niemals die eigentliche Natur des Geistes beeinträchtigen können. Sie entstehen wie Wolken am Himmel und lösen sich in kurzer Zeit wieder in den klaren Raum des ursprünglichen Geistes auf.

Unter Natur verstehen wir in diesem Zusammenhang etwas Dauerhaftes, Stabiles, das ist das grundlegende *Geisteskontinuum* – im Gegensatz zum Künstlichen, Vergänglichen, das sind die in kurzer Folge auftauchenden und vergehenden Gedanken und Gefühle.

Das Geisteskontinuum von Klarheit und Erkenntnis existiert schon seit anfangsloser Zeit und wird sich auch in Zukunft fortsetzen. Jedes Wesen hat dieses grundlegende Bewußtsein, das sich als Kontinuum von Existenz zu Existenz fortsetzt. Alle negativen Eigenschaften des Geistes sind nur vorübergehende, wechselhafte Erscheinungen, die nicht dauerhaft zum Geist gehören. Wann immer man in der Meditation Gegenmittel anwendet, können die vorübergehenden Befleckungen des Geistes, die Leidenschaften, aufgegeben werden, und der Geist wird in seinen natürlichen Zustand versetzt. Es liegt in dieser klaren und erkennenden Natur des Geistes begründet, daß Erleuchtung für jedes Wesen möglich ist. Wenn die Natur des Geistes nicht von dieser Klarheit und Erkenntnis wäre, könnten sich die Wesen niemals von den Leiden und Leidensursachen befreien.

Die Fehler des Geistes wie Habgier, Haß, Verblendung usw. beeinträchtigen diesen nicht in seiner eigentlichen Natur. Sie sind von Unwissenheit künstlich geschaffen, sie gehen mit falschen Vorstellungen einher, sie haben keine Basis in der Realität, und daher sind ihnen Grenzen gesetzt. Die tugendhaften Faktoren des Geistes hingegen wie zum Beispiel die *Fünf Kräfte* wie Vertrauen oder andere heilsame Eigenschaften wie Mitgefühl und Liebe basieren auf der korrekten Sichtweise, sie sind gegründet in der Wirklichkeit. Alle negativen Eigenschaften sind künstlich, da sie nicht im Einklang mit dieser Natur stehen; sobald man mit Weisheit eine korrekte Sicht entwickelt, werden sie automatisch zurückgedrängt. Die positiven Eigenschaften wie Toleranz, Liebe und Mitgefühl sind hingegen etwas Natürliches, und deshalb können sie unbegrenzt entwickelt werden.

Aufgrund dieser Zusammenhänge ist es lohnenswert, seinen Geist zu schulen und geistige Fortschritte zu machen. Je mehr wir uns dem Natürlichen, dem Heilsamen annähern und das Künstliche,

Negative überwinden, um so mehr werden wir fähig sein, auch mit der äußeren Welt und den Lebewesen im Einklang zu leben.

Das Natürliche: Der Geist des Klaren Lichts

Im buddhistischen *Tantra* gibt es weiterführende Erklärungen darüber, was das natürliche und künstliche Bewußtsein ist. Als das Natürliche gilt hier der natürlich anwesende und fundamentale Geist, der als Klares Licht bezeichnet wird. Das Künstliche sind die gröberen, vorübergehenden Bewußtseinsebenen.

Im System des *Höchsten Yogatrantras* werden verschiedene Subtilitätsebenen des Bewußtseins voneinander unterschieden: grobe, subtile und äußerst subtile. Die groben Ebenen sind die Wahrnehmungen mit den fünf Sinnen (Augen, Ohren, Nase, Zunge, Körper) und das begriffliche Denken des Geistigen Bewußtseins. Subtile Bewußtseinszustände sind die feinen Ebenen des Geistigen Bewußtseins, die während des Sterbens auftreten, wenn alle groben, gewöhnlichen Zustände zu Ende gegangen sind. In den Beschreibungen der Prozesse von Tod, *Zwischenzustand* und Wiedergeburt, wie sie im Höchsten Yogatantra gegeben werden, werden als subtile Bewußtseinszustände die „Weiße Erscheinung, Rote Erscheinung und das Schwarze Nahe-Erreichen" genannt, die während des Sterbens auftreten. In dem Prozeß der inneren Auflösung durchläuft jedes Wesen immer feinere Bewußtseinsebenen, bis schließlich alle subtilen Gedanken und Emotionen vergehen. Erst wenn auch diese subtilen Bewußtseinszustände zu Ende gegangen sind, ist die äußerst subtile Bewußtseinsebene erreicht, das „Klare Licht".

Bei jedem Wesen, sei es Mensch oder Tier, manifestiert sich zwischen zwei Leben der Geist des Klaren Lichts, der nichts anderes als eine bloße Leere wahrnimmt. Dieser Geist, der bei gewöhnlichen Wesen – außer im Tod – nicht aktiv ist, kann die *Leerheit* von inhärenter Existenz, die endgültige Natur der Phänomene erfassen. Die Erkenntnis der Leerheit ist das Mittel, den Geist von Leiden und Leidensursachen zu befreien.

In dieser Phase des Todes befindet sich das Bewußtsein nach diesen Erklärungen in seinem natürlichen Zustand. Es bildet die Basis für alle anderen Bewußtseinszustände, seien es die unreinen Bewußtseinszustände gewöhnlicher Wesen, die verschiedenen Stufen der Verwirklichungen auf dem spirituellen Pfad oder die vollkommenen Eigenschaften eines Buddha.

Bei einer gewöhnlichen Geburt bilden sich aus diesem Klaren Licht-Bewußtsein nach und nach die subtilen und dann die groben Bewußtseinszustände. Mit der Geburt und der Herausbildung der Sinnesorgane werden die üblichen Sinneswahrnehmungen und später das begriffliche Denken entwickelt.

Der äußerst subtile Geist des Klaren Lichts, der im Tod mit der Erscheinung der Leere auftritt, wird als „natürlich anwesender Geist" bezeichnet. Er ist das Bewußtsein in seinem eigentlichen, natürlichen Zustand. Die vorher und nachher auftretenden subtilen und groben Bewußtseinsebenen sind sämtlich von vorübergehender, vorläufiger und künstlicher Art.

Im Tod gewöhnlicher Wesen tritt der Geist des Klaren Lichts unfreiwillig hervor, und das Wesen erlebt diesen Zustand ohne Kontrolle, ohne Bewußtheit. Mit Hilfe der Meditationen des Höchsten Yoga Tantras, den tiefgründigsten buddhistischen Übungen überhaupt, ist es möglich, diesen Geist des Klaren Lichts auch im wachen Zustand hervortreten zu lassen und für die Erkenntnis der endgültigen Realität und damit für die spirituelle Vervollkommnung zu nutzen. Wenn man durch Übung auf dem spirituellen Pfad das Bewußtsein an die Erkenntnis der Leerheit gewöhnt hat, wird dies dazu führen, daß aufgrund der Kraft der Meditation im Tod dann nicht die bloße Leere, sondern die echte Leerheit wahrgenommen wird, wie sie vom Buddha gelehrt worden ist. Das Objekt, das diesem Bewußtsein erscheint, ist die Leerheit, die endgültige Realität des Geistes, der die Leere wahrnimmt.

Das Klare Licht ist der natürliche Geist. Er ist ohne Anfang und ohne Ende, und zu seinem Wesen gehört nichts Flüchtiges, Künstliches, das durch Ursachen und Bedingungen hervorgebracht werden müßte. Solange dieser innerste, äußerst subtile Geist des Klaren Lichts wie bei gewöhnlichen Wesen mit Befleckungen durch negatives Denken, Leidenschaften etc. versehen ist, wird er als „künstlich" bezeichnet. Wenn er vollkommen von Verunreinigungen befreit ist, wird er „natürlich" genannt. Das ist Nirvana, die Erleuchtung, die Buddhaschaft. Alle Handlungen, die auf der Grundlage dieses natürlichen, reinen Geistes durchgeführt werden, sind heilsam, endgültig gut, frei von Täuschung und Verunreinigung.

Die Zwei Wahrheiten: Künstliche und natürliche Wirklichkeit

Die Beschaffenheit der Wirklichkeit wird im Buddhismus anhand der Zwei Wahrheiten erklärt: der konventionellen und der endgültigen Wahrheit.

Alle Phänomene, die durch Ursachen und Umstände entstehen, die Veränderungen unterworfen sind, werden als konventionell existent bezeichnet. Sie sind nichts Bleibendes, Dauerhaftes, sondern wandeln sich und sind abhängig von ihren zeitweiligen Ursachen und Umständen, von ihren Teilen und ihrer Benennung. Nicht nur die Person, der Geist, der Körper, sondern alle Phänomene existieren in dieser konventionellen Weise. Selbst beständige Phänomene sind abhängig; obwohl sie nicht von Ursachen und Umständen erzeugt werden, sind sie auch abhängig von ihren verschiedenen Aspekten und der gedanklichen oder sprachlichen Benennung. Deshalb werden sie das Künstliche genannt.

Wie ist nun die endgültige Natur dieser konventionellen, künstlichen Phänomene beschaffen? Bei dieser Untersuchung bezieht man sich nicht auf ihr konventionelles Wesen, ihre Funktion, ihre nützliche oder schädliche Wirkungsweise und ähnliches, sondern fragt sich, ob das Objekt, das man erfaßt, innerhalb seiner Teile, die die Grundlage für seine Benennung bilden, gefunden werden kann. Man stellt fest: Obwohl das Objekt ganz greifbar als etwas Unabhängiges und *Inhärentes* zu existieren scheint, ist es innerhalb seiner Teile nicht aufzufinden. Diese Nicht-Auffindbarkeit wird Leerheit genannt; die Phänomene sind leer davon, aus sich heraus, *wahrhaft* zu existieren. Die Existenz eines Objekts ist vollständig von anderen Faktoren abhängig; sie ist nicht durch sich selbst begründet. Folgende Beispiele mögen das verdeutlichen:

Die Bestimmung eines Phänomens kann nur in Abhängigkeit von anderen Phänomenen erfolgen: Beispielsweise kann man „kurz" nur in Abhängigkeit von „lang" und „Ursache" nur in Abhängigkeit von „Wirkung" bestimmen. Oder nehmen wir das Beispiel Zeit: Sie existiert, aber Vergangenheit und Zukunft können nur in Abhängigkeit von der Gegenwart bestimmt werden, und wenn man die Gegenwart auf ihre eigentliche Existenz hin untersucht, stellt sich heraus, daß sie sich teils in die Vergangenheit und teils in die Zukunft erstreckt. Das Gegenwärtige läßt sich folglich nicht finden, dennoch existiert es – in Abhängigkeit von Vergangenheit und Zukunft.

Diese Nicht-Auffindbarkeit, die Leerheit, ist die natürliche Bestehensweise alles Existierenden. Einerseits existiert also ein Phänomen, andererseits ist es bei der analytischen Suche nicht aufzufinden. Gerade diese Tatsache belegt, daß Phänomene nicht aus sich selbst, sondern durch die Kraft anderer Umstände existieren. Das heißt, die Phänomene existieren ganz und gar abhängig, und deshalb sind sie leer von unabhängiger, *inhärenter Existenz*. Ein Phänomen hat also zwei Aspekte: sein konventionelles, vorläufiges Wesen und seine endgültige Natur.

Was wird von der Leerheit verneint?

Im Buddhismus wird die Unwissenheit als eigentliche Ursache für alle Leiden betrachtet. Aus der falschen Vorstellung, Personen und die übrigen Phänomene existierten aus sich selbst, unabhängig von anderem, entsteht eine übertriebene Vorstellung von „Ich" und „Mein", und zwangsläufig entstehen daraus das begehrliche Haften an dem „Eigenen" und Ablehnung des „anderen", das dem „Ich" und „Mein" im Wege steht. Aus Verblendung, Begierde und Haß wiederum ergeben sich viele weitere unkontrollierte und leidverursachende Bewußtseinszustände wie verkehrte Ansichten, überheblicher Stolz, Neid etc. Die davon motivierten Handlungen sind weitere Ursachen für Leid. Um falsche Bewußtseinszustände und die daraus resultierende Kette von Leiden physischer und psychischer Art an ihrer Wurzel zu überwinden, ist es wesentlich, die Leerheit von inhärenter Existenz zu erkennen. Um diese Erkenntnis zu entwickeln, muß man zunächst wissen, was die inhärente Existenz überhaupt bedeutet, die von der Leerheit negiert wird. Wir müssen genau identifizieren, was von der Leerheit verneint wird. Die Aussage, daß alle Phänomene leer von inhärenter Existenz sind, bedeutet keineswegs, daß sie überhaupt nicht existieren.

Der indische Gelehrte Candrakirti beschreibt die inhärente Existenz in seinem Kommentar zu Aryadevas „Vierhundert Versen", wo er das von der buddhistischen Philosophie verneinte „Selbst" erklärt: „‚Selbst' bedeutet inhärente Existenz: ein Wesen der Dinge, das von anderem nicht abhängig ist. Die Tatsache, daß ein solches nicht existiert, ist die Selbstlosigkeit." „Inhärente Existenz" bzw. „Selbst" meint also ein von der Unwissenheit fälschlich vorgestelltes unabhängiges, aus sich bestehendes Wesen der Dinge; die Negation einer solchen vermeintlich unabhängigen Existenzweise ist die Leerheit – die endgültige Wirklichkeit eines jeden Phänomens.

Inhärente Existenz ist eine begriffliche Konstruktion, die wir aus Unwissenheit auf die Phänomene projizieren, die diesen in Wirklichkeit aber nicht zu eigen ist. Diese Unwissenheit ist grundlegend; sie begleitet alle unsere gewöhnlichen Wahrnehmungen und Beurteilungen und bildet die Wurzel für schädliche Bewußtseinszustände wie Begierde, Haß, Stolz, verkehrte Ansichten und so weiter.

Die Zwei Wahrheiten am Beispiel eines materiellen Phänomens

Im philosophischen Sinne wird die letztgültige Existenzweise der Phänomene Natur genannt; ihre konventionelle Seinsweise nennt man das Künstliche. Betrachten wir dies an einem einfachen Beispiel:

Medizin nennen wir eine Substanz, die dem Körper nutzt, und Gift eine Substanz, die ihm schadet. Wenn wir an Medizin oder Gift denken, erscheint uns ein sehr konkretes Bild von Stoffen, die von ihrer eigenen Seite her und unabhängig von anderem Medizin oder Gift zu sein scheinen. Diese Erscheinung entspricht jedoch nicht der Wirklichkeit.

Gift ist leer davon, inhärent, unabhängig von seinen Ursachen und Bestandteilen zu existieren. Eine Substanz ist nur giftig aufgrund ihrer spezifischen Ursachen und Bestandteile. Zudem ist sie nur in bestimmten Umständen giftig; denn nur wenn sie auf einen solchen Körper trifft, der anfällig für dieses Gift ist, können wir von Gift sprechen. Als Buddhisten glauben wir beispielsweise, daß einem Buddha, der sich von allen Leiden und Leidensursachen befreit hat, eine Substanz, die für uns gewöhnliche Wesen Gift ist, nicht mehr schaden kann. Der Buddha kann beispielsweise Speise zu sich nehmen und als reine Glückseligkeit erleben, die aus der Sicht gewöhnlicher Wesen „ungenießbar" genannt werden müßte. Das Wesen von Gift ist abhängig von vielen bedingenden Faktoren.

Wenn wir sagen, „dieses ist Gift", erscheint es uns, als gebe es etwas, das aus sich heraus Gift wäre, unabhängig von diesen bedingenden Faktoren. Diese Erscheinungsweise entspricht nicht der Realität. Wenn man das sucht, was man als Gift bezeichnet, so ist es innerhalb seiner Teile nicht auffindbar. Was wir Gift nennen, ist eine Ansammlung verschiedener Substanzen flüssiger oder fester Art. Unabhängig von diesen Bestandteilen gibt es kein Gift, aber auch innerhalb dieser Ansammlung ist das, was wir Gift nennen, nicht auffindbar. Kein Bestandteil und kein Aspekt des Giftes wie seine Farbe, sein Geruch etc. ist das Gift selbst. Das bedeutet keinesfalls, daß das Gift nicht existiert, denn offenbar bringt es Wirkungen hervor. Hier geht es nicht darum, ob die Dinge existieren, sondern wie sie existieren. Wie existiert das Gift nun? Es hat nur eine konventionelle, abhängige Existenz und kann nicht aus sich selbst heraus, aus eigener Kraft bestehen. Das Gift existiert als Benennung in Abhängigkeit von den verschiedenen Substanzen, aus denen es zusammengesetzt ist.

Wir neigen dazu zu denken, Dinge seien aus sich heraus immer und ewig entweder nützlich oder schädlich, aber das entspricht nicht der Wirklichkeit. Die Dinge sind nützlich oder schädlich aufgrund vieler Faktoren. Wenn wir das Wort „Medizin" hören, denken wir spontan an ein greifbares Phänomen, das schon seit allen Zeiten und ganz aus sich heraus das Potential trägt, körperliches Leid zu überwinden. Wir haben eine sehr konkrete, feste Vorstellung von „Medizin" und nehmen gewöhnlich keine genauere Untersuchung vor, ob diese Vorstellung mit der Wirklichkeit übereinstimmt. Existiert Medizin so, wie sie uns erscheint – aus sich selbst heraus, eigenständig und unabhängig? Nein, nur in Abhängigkeit von vielen Faktoren kann etwas als Medizin benannt werden und seine Funktion erfüllen. Ein deutliches Anzeichen dafür ist, daß ein- und dieselbe Substanz in einem Fall als Medizin gute Dienste leisten, im anderen Fall als Gift Schaden anrichten kann. Auch die Menge ist erheblich: Ein paar Tropfen einer Medizin können heilen, nimmt man dagegen zu viel, hat es schädliche Auswirkungen.

Die Dinge erscheinen unserem Geist jedoch ganz anders: konkret, von ihrer eigenen Seite her existierend, unabhängig von den sie bedingenden Faktoren. Medizin ist aber ganz und gar abhängig von den Stoffen, aus denen sie zusammengesetzt ist. Nur bei bestimmten Krankheiten und körperlichen Voraussetzungen, nur wenn viele Umstände zusammenkommen, kann ein Stoff als Medizin dienen. Unter anderen Umständen, für andere Organe, für einen anderen Körper kann dieser Stoff nicht Medizin genannt werden. So existiert Medizin nur in relativer Weise – das ist ihre konventionelle Bestehensweise –, und es gibt nichts, was absolut, aus sich heraus Medizin wäre – das ist ihre natürliche Bestehensweise.

Die Zwei Wahrheiten am Beispiel des Geistes

Wenn wir entscheiden müssen, was größeren Einfluß auf unser Leben hat: die äußere Welt oder das Innere, der Geist, so können wir schließen, daß Nutzen und Schaden, die wir erleben, zum großen Teil vom Geist abhängen und nicht nur, wie wir irrtümlich glauben, von den äußeren Dingen. Letztlich gehen all unsere Erfahrungen haupsächlich auf den Geist zurück. Wenn wir die eigentliche Natur der Wirklichkeit korrekt erkennen und im Einklang damit leben, wird automatisch auch die äußere Welt besser werden. Unsere falschen Einstellungen zur Wirklichkeit sind es, die zu Problemen führen – Problemen mit der äußeren Welt wie Umweltzerstörung, Konflikte, Krieg etc., aber auch inneren Problemen. Wenn im Buddhismus davon gesprochen wird, daß unser Glück und Leid hauptsächlich vom Geist abhängig sind, so heißt das nicht, daß wir nicht tatsächlich Erfahrungen von Glück und Leid mit der äußeren Welt machen. Aber diese Erfahrungen hängen hauptsächlich von Ursachen ab, die mit dem Geist zusammenhängen.

Wie lassen sich nun die Zwei Wahrheiten am Beispiel des Geistes erklären? Alle Geisteszustände existieren konventionell, denn sie sind vorübergehender Natur; sie werden von ihren Ursachen und Umständen zeitweilig erzeugt. Selbst die subtilen Bewußtseinszustände, z. B. im Tod oder im Traum, die nicht aufgrund von äußeren Objekten hervorgebracht werden, entstehen und vergehen; die jeweils vorhergehenden Momente eines Bewußtseins sind die Ursachen für die nachfolgenden Momente. Alle oben bereits erklärten Bewußtseinszustände, selbst der subtilste Geist des Klaren Lichts, sind konventionelle Wahrheiten, da sie nur abhängig existieren.

Die endgültige Wahrheit des Geistes ist seine Leerheit: die bloße Abwesenheit von wahrer, inhärenter Existenz bezüglich des Geistes. Das Bewußtsein existiert ebenso wie jedes andere Phänomen nur in Abhängigkeit von vielen Faktoren: in Abhängigkeit von seinen Ursachen und Umständen wie zum Beispiel den vorhergehenden Momenten dieses Bewußtseins, den in der Vergangenheit angesammelten karmischen Eindrücken und Veranlagungen, seinen Bestandteilen und seiner Benennung; zudem existiert es nur im Rahmen der Subjekt-Objekt-Beziehung, denn jedes Bewußtsein ist von einem Objekt abhängig. Einen von diesen Faktoren unabhängigen, von seiner eigenen Seite her bestehenden Geist gibt es nicht. Die Tatsache, daß der Geist leer davon ist, auf eine von diesen Bedingungen unabhängige Weise zu existieren, ist seine endgültige Seinsweise.

Die Leerheit bedeutet nicht Nichtexistenz. Der Geist existiert. In Abhängigkeit von seinen Ursachen, Umständen, der Benennung und anderen ihn bedingenden Faktoren erfüllt er unter anderem die Funktion der Wahrnehmung eines Objekts. Während man im Daseinskreislauf existiert, gehen von ihm die Ursachen für die mit Leiden behaftete Existenz aus: Nach dem Tod, wenn das Wesen erneut Geburt annimmt, entwickeln sich aus dem äußerst subtilen Geist des Klaren Lichts nach und nach die subtilen und groben Bewußtseinszustände bis hin zu den groben Ebenen des Denkens und den gewöhnlichen Sinneswahrnehmungen. Der Geist ist also einerseits selbst abhängig von vielen Ursachen und Umständen, und andererseits gehen von ihm viele Wirkungen aus. Von diesem Aspekt her ist er eine konventionelle Wahrheit.

Uns gewöhnlichen weltlichen Wesen erscheint der Geist jedoch so, als bestünde er von seiner eigenen Seite her. In unserer Beurteilung gehen wir dann davon aus, daß diese Erscheinungsweise der Realität entspricht. Doch in Wirklichkeit ist der Geist leer von einer solchen unabhängigen Bestehensweise, in der er uns erscheint und nach der wir ihn beurteilen.

Wenn wir den Geist suchen, so ist er weder in seinen Teilen (den verschiedenen Geistesfaktoren und den einzelnen Momenten des Geistes) zu finden noch außerhalb dieser. Diese Tatsache ist ein klares Anzeichen dafür, daß der Geist nicht von seiner Seite her existiert, sondern kraft der Bennung bestimmt wird. Das allein macht seine Existenz aus, darüber hinaus kann nichts gefunden werden, was von sich her „Geist" wäre. Diese Nicht-Auffindbarkeit des Geistes ist seine Leerheit, und sie wird in den Schriften der Philosophie des Mittleren Weges *(Madhyamaka)* gelehrt.

Der Geist ist – als veränderliches, von Ursachen und Umständen abhängiges Ding – eine konventionelle Wahrheit; seine Leerheit von inhärenter, unabhängiger Existenz ist seine endgültige Wahrheit.

Die Natur der Phänomene – ihre Leerheit von inhärenter Existenz

Zwischen der Leerheit bezüglich des Geistes und der Leerheit bezüglich eines körperlichen Phänomens gibt es keinen Unterschied in der Tiefgründigkeit. Alle Phänomene sind in bezug auf ihre endgültige Wahrheit von einem Wesen. In endgültiger Hinsicht sind alle Phänomene gleich tiefgründig. Allerdings gibt es Unterschiede in der Hinsicht, daß die Leerheit einiger Phänomene für uns leichter erkennbar ist als die anderer; das liegt an der unterschiedlichen Subtilität, also dem Feinheitsgrad der konventionellen Phänomene, die die Basis für ihre endgültige Existenzweise, die Leerheit, bilden. Subtilere Phänomene sind von unserem Geist schwieriger zu erfassen, und aus diesem Grund fällt es uns bei diesen Phänomenen auch schwerer, unseren Geist auf ihre Leerheit zu richten. Der natürlich anwesende Geist des Klaren Lichts ist das subtilste Phänomen überhaupt; entsprechend schwierig ist es, seine Leerheit zu erfassen.

Die endgültige Wahrheit lehrt der Buddha in den Sutras über die Vollkommenheit der Weisheit, wo er sie zuerst anhand der körperlichen Dinge deutlich macht. Im Herzsutra heißt es: „Das Körperliche ist leer; die Leerheit ist das Körperliche. Das Körperliche ist nicht verschieden von der Leerheit; die Leerheit ist nicht verschieden vom Körperlichen." Hier kommt die Beziehung zwischen den Zwei Wahrheiten zum Ausdruck, die „von ihrer Entität her identisch und begrifflich verschieden" sind, wie es in den Schriften heißt. Darunter wird folgendes verstanden:

Alle körperlichen und geistigen Phänomene, die Person und alle übrigen Bewußtseinsobjekte besitzen eine gültige konventionelle Existenz auf der Ebene des Abhängigen Entstehens: Sie kommen durch die Ansammlung ihrer spezifischen Ursachen, Umstände, Teile und Benennungen zustande und bringen in Abhängigkeit von diesen Bedingungen ihre nützlichen und schädlichen Wirkungen hervor. Das ist ihre konventionelle Wahrheit. Ihre Existenz und Wirkungsweise ist ganz und gar abhängig; etwas Eigenständiges, von den vielen bedingenden Faktoren Unabhängiges existiert in ihnen nicht. Sie sind somit leer davon, in der Weise inhärent und wahrhaft zu existieren, wie wir sie als gewöhnliche, unwissende Wesen wahrnehmen und beurteilen; diese Leerheit ist ihre endgültige Wahrheit. Die Leerheit existiert also nur als eigentliche Beschaffenheit des jeweiligen konventionellen Phänomens; eine Leerheit, die absolut, ohne Verbindung mit den konventionell existierenden Phänomenen getrennt für sich bestünde, gibt es nicht. Die Leerheit ist also nichts anderes als die endgültige Wirklichkeit, die letztgültige Seinsweise der einzelnen konventionellen Phänomene. Deshalb bilden die konventionelle Wahrheit und die endgültige Wahrheit eines Phänomens eine einzige Entität. Allerdings bedeutet das nicht, daß die Zwei Wahrheiten völlig identisch wären, sie sind verschiedene Aspekte der Bestehensweise eines Phänomens. Deshalb sind sie begrifflich verschieden.

Um einen Vergleich für die Verbindung von konventioneller und endgültiger Wahrheit zu geben: Wenn sich im Sommer am Himmel ein Regenbogen bildet, so entsteht er genau in dem leeren Raum, wo er erscheint; es gibt nicht getrennt voneinander an verschiedenen Orten einen Regenbogen und einen leeren Himmelsraum, in dem er erscheint. Der in vielfältigen Farben schillernde Regenbogen, der durch das Zusammenkommen von spezifischen Umständen auftritt, ist das Bild für das Konventionelle, das in abhängiger Weise existiert; der leere Raum, in dem sich der Regenbogen bildet, ist ein Bild für die Leerheit des Konventionellen von inhärenter Existenz. Wenn sich an der Stelle, wo sich der Regenbogen bildet, feste Gegenstände wie Steine etc. befänden, hätte dieser keinen Ort, an dem er sich bilden könnte; er erscheint nur, weil es dort eine Abwesenheit, eine Leerheit von Widerstand bietenden Tastobjekten gibt. Diese Leerheit von Widerstand bietenden Tastobjekten ist ein Bild für die Leerheit der Phänomene von einer ihnen unabhängig innewohnenden, wahrhaften, eigenständigen Existenz. Die Phänomene können überhaupt nur existieren, sich wandeln, Wirkungen hervorrufen usw., weil sie leer sind von inhärenter Existenz.

„Alle Produkte sind Täuschungen, deshalb sind sie falsch", heißt es in den Schriften. Die konventionellen Phänomene, die die Grundlagen ihrer eigentlichen Realität bilden, sind falsch, künstlich, unwahr: Sie erscheinen anders, als sie existieren – sie erscheinen als inhärente, unabhängige Phänomene, obwohl sie es nicht sind. So lehren es die Sutras über die Vollkommenheit der Weisheit und die Schriften der großen Meister der Philosophie des Mittleren Weges wie Nagarjunas Grundverse zum Mittleren Weg. Die mit den konventionellen Phänomenen verbundene Realität ist die eigentliche, letztgültige Wahrheit, die endgültige Natur. Diese endgültige Realität ist unveränderlich, sie ist frei vom Wandel zum Besseren und Schlechteren, sie ändert ihre Qualität nicht in bezug zu den vielfältigen nützlichen und schädlichen konventionellen Phänomenen. Es gibt keinen Qualitätsunterschied zwischen der endgültigen Realität des allwissenden Buddhageistes und der endgültigen Realität des von Haß, Gier und Verblendung geprägten Geistes gewöhnlicher Wesen. Deshalb sagt man, daß die Leerheit bezüglich aller Phänomene unteilbar und „von einem Geschmack" ist: „Das Endgültige ist von einem Geschmack, das Konventionelle ist Vielfalt."

In dieser Weise bezieht sich der Begriff des Natürlichen und des Künstlichen auf die Zwei Wahrheiten: Die endgültige Wahrheit ist das Natürliche, die konventionelle Wahrheit ist das Künstliche. Natürlich gibt es viele weitere Arten, wie die Begriffe „natürlich" und „künstlich" in der buddhistischen Literatur verwendet werden – ihre Bedeutung ist relativ. Auch Begriffe exisistieren nicht inhärent, unabhängig, sondern sind abhängig vom Kontext.

Warum nützt es, die Natur der Phänomene zu verstehen?

Es ist aus buddhistischer Sicht ungeheuer wichtig, die Abhängigkeit der Phänomene zu verstehen. Wenn man erkennt, daß etwas nicht aus sich heraus, für alle Zeiten, in absoluter Weise nützlich oder schädlich ist, versteht man seine Abhängigkeit von vielen Faktoren. Diese Einsicht sollte sich auf das eigene Verhalten auswirken, z. B. was den Schutz der Umwelt betrifft.

Wenn die äußere Natur dauerhaft bewahrt werden soll, muß man die Ursachen dafür schaffen. Sind diese Ursachen aufgrund von negativem Verhalten, das sich in Umweltzerstörung, Verschwendung von Ressourcen etc. niederschlägt, nicht mehr gegeben, ist die Lebensgrundlage aller fühlenden Wesen gefährdet. Auch die Umweltzerstörung ist nicht aus sich heraus vorhanden, sondern aufgrund bestimmter Ursachen und Umstände. Wenn diese wirklich gemieden und beseitigt werden, gibt es keine Grundlage für die Zerstörung mehr. Je mehr man die gegenseitige Abhängigkeit aller Dinge erkennt, um so mehr wird man auf sein Verhalten achten und die langfristigen Folgen seines Tuns einschätzen können.

Auch wirkt sich ein Verständnis des Abhängigen Entstehens und der Leerheit von inhärenter Existenz auf die persönliche Lebensweise aus. Man wird genügsamer leben und nicht ständig von Wünschen nach Besitz getrieben sein. Genügsamkeit wiederum wirkt der Verschwendung, die der Umwelt schadet, entgegen. Viele Umweltprobleme entstehen durch eine hemmungslose Vergeudung der Ressourcen. Wenn man versteht, daß die materiellen Errungenschaften nur aufgrund bestimmer Ursachen und Bedingungen und nur in einem bestimmten Zusammenhang einen relativen Nutzen haben, gibt man sich damit zufrieden, seine grundlegenden Bedürfnisse nach Wohnung, Kleidung, Nahrung, Medizin usw. zu sichern. Man muß nicht ständig etwas noch Nützlicheres, noch Besseres haben, denn es gibt in der materiellen Welt nichts absolut Gutes, Nützliches. Es gibt hier nur Dinge, die für eine begrenzte Zeit, unter bestimmten Bedingungen ihren Nutzen haben; nichts ist für immer und ewig, unabhängig von Ursachen und Umständen glücksbringend.

Mit dem Verständnis des Abhängigen Entstehens lernt man ebenfalls, die verschiedenen Ebenen von Nutzen zu differenzieren und zu beurteilen. Manches ist kurzfristig nützlich, langfristig schädlich. Anderes hat auch einen langfristigen Nutzen, selbst wenn es für den Moment mit unangenehmen Empfindungen verbunden ist. Viele Dinge halten wir für absolut nützlich, entwickeln sie weiter und müssen mit der Zeit feststellen, daß sie langfristig großen Schaden anrichten. Deshalb ist es so wichtig, die Abhängigkeiten einer Sache zu sehen, möglichst all die unterschiedlichen Faktoren einzukalkulieren, die an einer Sache beteiligt sind und sie gegeneinander abzuwägen.

Die Leerheit und das ethische Verhalten

Ein Verständnis der Leerheit zu entwickeln, ist sehr schwierig, und die Verwirklichung dieser Erkenntnis ein weit gestecktes Ziel. Was man jetzt konkret tun kann, ist, in Übereinstimmung mit der Wirklichkeit zu handeln, d. h. ethisch zu leben. Ethik ist ihrem Wesen nach der Wille, schädigendes Verhalten und die Grundlagen dafür (negative Geistesfaktoren, besonders Habgier, Übelwollen und verkehrte Ansichten) aufzugeben. Bei der Übung von Ethik sind ganz besonders die Faktoren Rücksichtnahme und Selbstachtung zu stärken. Sie sind von Natur her heilsame Eigenschaften, denn mit ihrer Hilfe kann man unheilsames, schädigendes Verhalten unterbinden – einmal aufgrund der eigenen Person (Selbstachtung), zum anderen aus Rücksichtnahme auf andere.

Selbstachtung heißt, daß man schädigendes Verhalten unterläßt: Man bedenkt, daß man einfach ein guter Mensch sein möchte oder daß man in der Zukunft Glück erlangen möchte und dafür nun die Ursachen durch heilsames Verhalten schaffen muß. Weiter kann man als Begründung für die Einhaltung einer bestimmten Ethik anführen, daß man ein religiöser Mensch ist oder nach bestimmten Prinzipien lebt (z. B. Gewaltlosigkeit). Aus solchen persönlichen Gründen unterläßt man schädigendes Verhalten.

Rücksichtnahme bedeutet, daß man berücksichtigt, welche Auswirkungen das eigene Verhalten auf andere hat. Man fragt sich, wie der andere empfinden mag, wenn man sich schädigend verhält, wie der andere darunter leiden wird. Man berücksichtigt also die Empfindungen der anderen und führt sich vor Augen, daß sie nicht leiden wollen. Aus diesem Grund unterläßt man schädigendes Verhalten.

In Umweltdingen sind diese beiden Faktoren besonders wichtig. Giftige Substanzen fallen beispielsweise bei der Produktion an und werden in die Natur entlassen. Sie belasten das Wasser, die Luft und den Boden. Nicht Maschinen, sondern Menschen sind dafür verantwortlich, daß diese Gifte ausgestoßen werden. Menschen, denen Selbstachtung und Rücksichtnahme fehlten, sind die eigentlichen Verursacher.

Der Mensch muß diese Faktoren in sich entwickeln und überlegen, welche Auswirkungen sein Handeln hat – auf seine eigene Person, auf andere Menschen und auf die gesamte Umwelt.

Auch lassen wir uns oft zu schädigendem Handeln verleiten, wenn es keiner sieht. Danach gehen wir unseren gewöhnlichen Geschäften nach und sind vergnügt, weil wir für uns einen vorläufigen Vorteil ergattert haben. Ein einzelner Mensch tut Dinge, die einer ganzen Gruppe schädigen – nur für seinen persönlichen Vorteil. Oder eine Gruppe, beispielsweise ein Industriebetrieb, begeht Handlungen, die dem ganzen Land Schaden zufügen. Ein Land schädigt die ganze Welt, weil die eigenen kurzfristigen Interessen immer über das Wohl der anderen und auch das eigene langfristige Wohl gestellt werden. Wenn man an diesem Punkt Selbstachtung und Rücksichtnahme hätte, würde man ein solches negatives Verhalten unterlassen.

Die Natur des Geistes, seine Eigenschaften und Potentiale werden von den Menschen zu wenig berücksichtigt, und es wird über diese wirklich entscheidenden Dinge des Lebens zu wenig gelehrt. Selbst in den Religionen hört man darüber nicht so ausführliche Erklärungen, wie notwendig wären, um echte Veränderungen für das Wohl der Wesen und für die Umwelt zu bewirken. Heutzutage wird nur materiellen Dingen ein Wert beigemessen. Die Schulung der inneren Werte und Tugenden wird dagegen vernachlässigt – auf Kosten der Umwelt und der Wesen, die in ihr leben. Aus diesem Grund müssen wir echte Anstrengungen unternehmen, die Wirklichkeit genau zu erkennen und uns gemäß diesen Erkenntnissen zu verhalten – zur Bewahrung der Lebensgrundlagen und damit zum Wohl aller fühlenden Wesen.

Die Vier Grenzenlosen Geisteshaltungen: Eine Meditation für die Wesen und ihre Umwelt

von Geshe Thubten Ngawang

Alles Existierende besteht nur in Abhängigkeit von anderen Phänomenen; nichts existiert aus sich selbst. Der Mensch ist eingebunden in die Natur und ganz und gar abhängig, z. B. von den vier Elementen. Schon das bloße Überleben eines einzigen Menschen beruht auf der Freundlichkeit der anderen Wesen – Menschen und Tiere – und auf den natürlichen und kulturellen Gütern dieser Erde. Das gilt in noch höherem Maße für all das, was über das bloße Überleben hinaus die Qualität des menschlichen Daseins erhöht.

Selbst bei einer eigennützigen Sichtweise ergibt sich aus diesen Überlegungen für den Menschen die Notwendigkeit und die Verantwortung, die belebte und nicht-belebte Natur zu bewahren. Wir sollten ein tiefes Gefühl der Dankbarkeit entwickeln und uns der großen Hilfe, die wir von unserer menschlichen und nicht-menschlichen Umwelt erfahren, bewußt werden. Es versteht sich eigentlich von selbst, daß wir die gemeinsamen Güter der Erde nicht für unseren persönlichen, kurzfristigen Vorteil ausbeuten und zerstören und auf diese Weise den Mitwesen in Gegenwart und Zukunft die Lebensgrundlage rauben dürfen.

Bedenkend, daß Leib und Leben eines jeden Lebewesens selbst an einem einzigen Tag auf der Freundlichkeit der anderen Wesen beruht und so alle Wesen seit langer Zeit aufgrund der von den anderen erfahrenen Hilfe existieren – warum ertragen wir nicht einmal einen geringfügigen Schaden?

Eine Anweisung des Buddha lautet: „Wenn es Dir möglich ist, hilf den Wesen; wenn es Dir nicht möglich ist, dann schade ihnen wenigstens nicht." Diese Ethik gilt nicht nur gegenüber den Menschen, sondern schließt alle Wesen ein, auch Tiere und sogar die für uns nicht sichtbaren Bereiche der Höllenwesen, Hungrigen Geister und weltlichen Götter. Und sie bezieht sich auch auf den Lebensraum der Wesen sowie auf die vier Elemente, von denen die Wesen abhängig sind.

Den Geist zähmen, die Umwelt schützen

Alle Wesen wünschen Glück und möchten Leid vermeiden. In dieser Hinsicht gibt es nicht den geringsten Unterschied zwischen uns selbst und den anderen. Ein bedeutender Unterschied existiert jedoch: Ich bin ein einziges Wesen, und die anderen sind unendlich viele. Es wäre unangemessen, das Glück der Mehrheit dem Wohlergehen eines einzelnen Wesens zu opfern und zum Vorteil eines einzelnen das Leid der vielen in Kauf zu nehmen.

Übt man die Erkenntnis, daß die eigene Erfahrung von Furcht vor den Leiden und des Sehnens nach Glück etwas ist, was der Erfahrung aller Lebewesen entspricht, so entwickelt sich der echte Wunsch, daß die anderen Glück erleben und von Leid frei sein mögen. Dieser Gedanke schließt den Wunsch ein, daß die Menschen die natürliche Umwelt, die die Lebensgrundlage für sie bildet, so schützen mögen wie ihren eigenen Körper.

Der gütige Buddha, dessen Denken und Handeln ganz von großem Erbarmen bestimmt war, hat die Meditation der Vier Grenzenlosen Geisteshaltungen Gleichmut, Liebe, Mitgefühl und Mitfreude gelehrt.

1. Gleichmut in bezug auf Freunde und Feinde: „Mögen alle Wesen frei sein von begehrlichem Verlangen nach Nahestehenden und Haß gegenüber Fernstehenden."

2. Liebevolle Zuneigung: „Mögen alle Wesen ohne Ausnahme Glück erleben und die Ursachen für Glück finden."

3. Mitgefühl: „Mögen alle Wesen ohne Ausnahme frei von Leid und den Ursachen von Leid sein."

4. Mitfreude: „Mögen alle Wesen niemals von echtem Glück, das frei von Leid ist, getrennt sein."

Ich habe versucht, die Vier grenzenlosen Geisteshaltungen mit Wünschen für die Umwelt, besonders für die vier Elemente, zu verbinden. Wer diese Meditation übt, muß nicht einer bestimmten Religion oder Weltanschauung folgen; sie kann von jedem praktiziert werden und wird mit Sicherheit ihre Kraft entfalten. Die Vier Grenzenlosen Geisteshaltungen werden auf folgende Weise geübt:

Man wendet sich voller Vertrauen an sein Zufluchtsobjekt – Gott, Heilige oder höhere Wesen. Wenn man keiner Religion angehört, vergegenwärtigt man sich die guten Kräfte in der Natur wie die Strahlkraft der Sonne, das Licht der Sterne, das Kühlung spendende Mondlicht.

Mit möglichst konzentriertem Geist stellt man sich vor, daß der Segen und die Kraft dieser Zufluchtsobjekte bzw. die guten Kräfte in der Natur als reines, kühlendes Licht und Nektar ausströmen. Der Nektar reinigt alle Wesen und die Natur, besonders die vier Elemente, von allen Verschmutzungen und von aller Zerstörung. Man verbindet mit dieser Visualisation glücksbringende Wünsche für das Wohl der Wesen: Man wünscht, daß alle Wesen Glück erleben, die Ursachen für Leiden in ihrem Geist beseitigen und der Umwelt keinen Schaden mehr zufügen mögen, wie es unten beschrieben wird.

Wenn man diese Meditation möglichst regelmäßig, so gut man kann, übt, so trägt sie dazu bei, die schwer zu ertragende Zerstörung der natürlichen Umwelt schrittweise zu beseitigen. Natürlich kann man mit diesen Visualisationen nicht in einem Moment auf wundersame Weise einen Wandel in den Wesen und in der Natur herbeiführen. Vielmehr geht es um eine geistige Grundhaltung des Altruismus, der Anteilnahme an den Entwicklungen in der Natur und der Veränderung menschlicher Einstellungen und Verhaltensweisen. Mit der Zeit, wenn man sich durch die Meditation an diese Einstellungen gewöhnt hat, wird sich das eigene Bewußtsein und das Verhalten verändern; man wird achtsam mit den Elementen und den kostbaren Ressourcen der Natur umgehen. Übt man beispielsweise ernsthaft und ausdauernd die Vorstellung, daß die Luft von Schadstoffen gereinigt wird, wird man auf sein eigenes Verhalten achten und die Luft so wenig wie möglich verschmutzen.

Aufgrund der engen Verflechtung zwischen unserem Geist und der Umwelt, in der wir leben, werden

sich diese Visualisationen, mit Ausdauer praktiziert, segensreich auswirken. Unsere Meditation wird eine der Kräfte sein, mit der wir dazu beitragen, die Gefahren für die Umwelt einzudämmen und eigene falsche Denkweisen, Erwartungen und Ängste zu bändigen.
 Der gütige Lehrer Buddha sagte:

Den Geist zu disziplinieren ist das rechte Mittel; den Geist zu disziplinieren ist Glück.

Ganz gleich in welchem Land, zu welcher Zeit und welcher Mensch es sei – wenn es dem Übenden von seiner eigenen Seite her nicht an Vertrauen, Wertschätzung und Streben mangelt, kann er oder sie die inneren Kräfte, die Tugenden des Geistes wie Liebe, Mitgefühl und Weisheit grenzenlos weiterentwickeln und damit allen Wesen nutzen. In diesem Sinne hat Lama Tsongkapa gesagt:

Freunde, die Ihr viele Jahre die großen Schriften studiert habt: Erkennt, daß Ihr die Schätze in Euch tragt, und begeht nicht den Fehler, die eigenen kostbaren Edelsteine wegzuwerfen und stattdessen nach wertlosen Steinen von anderen zu greifen.

Der Boden des Gleichmuts

Wie schön wäre es doch, wenn alle Lebewesen von jetzt an auf der weiten Ebene des gegenseitigen Gleichmuts verweilen würden, der frei ist von den aus Täuschung entstehenden Gefühlen der Anhaftung an Freunde und der Abneigung gegenüber Feinden. Mögen alle diesen Gleichmut üben. Ich will dazu beitragen, daß sie es tun. Mögen die Scharen der Heiligen, die die Kraft besitzen, dazu ihren Segen geben.

Die Erde und die anderen großen Elemente sind die engsten Lebensgefährten aller Wesen. Nur durch ihr Wirken steht uns das zur Verfügung, was für uns lebensnotwendig ist, denn die Elemente tragen und halten zusammen, reifen und bewegen. Und doch bilden wir uns in unserer Überheblichkeit ein, wir erlangten alles durch uns selbst. Die Freundlichkeit der Elemente ist niemals aufzuwiegen. Mögen wir besonders das Erdelement achten und davon ablassen, Böden und Nahrung mit Giften zu belasten.

Das Erdelement übt die Funktion des Tragens aus, das Wasserelement bringt zusammen, das Feuerelement bewirkt Reifung; das Windelement sorgt für Vermehrung und Wachstum. Diesen Elementen und darüber hinaus den Mühen und der Arbeit anderer Lebewesen haben wir es zu verdanken, daß wir selbst die lebensnotwendigen Güter zur Verfügung haben. Durch die Kraft der Elemente haben wir Luft zum Atmen, Wasser zum Trinken, aber auch Nahrung, Kleidung und vieles mehr, das wir der Natur entnehmen. Wir könnten all dies unmöglich allein aus eigener Kraft erlangen.

Deshalb betet man von ganzem Herzen zu dem Zufluchtsobjekt, zu dem man Vertrauen hat, zu den heiligen Wesen, die begierdehaftes und feindseliges Denken vollständig aufgegeben haben und die wahre Liebe besitzen, welche so unerschütterlich ist wie der König der Berge.

Durch die Kraft ihrer Liebe strahlt Nektar in Gestalt von Lichtstrahlen und weichem, kühlem Regen aus, fließt durch den Scheitel in alle Lebewesen ein und füllt ihren Körper und Geist an. Dadurch werden die Wesen von allen Schädigungen durch das Erdelement, z. B. chemisch belastete Nahrung befreit und geheilt. Dann strömen Licht und Nektar aus ihrem Körper nach außen und beseitigen die vielfältigen unerwünschten Dinge, die in unserer Welt tagtäglich anwachsen, insbesondere alle Verunreinigungen des Erdelementes; diese können durch giftige chemische Substanzen oder aus natürlichem Verfall entstanden sein. Auch werden alle körperlichen und geistigen Krankheiten der Wesen, die durch die Verseuchung der Böden, der Nahrung usw. zustandekommen, vollständig geheilt.

Durch diese Reinigung wachsen die guten Kräfte des Erdelements an, und solange die Lebewesen bestehen, wachsen Pflanzen, Wälder und Ernten überall auf der Welt. Dadurch vermehren sich Nutzen und Wohlergehen von Körper und Geist der Lebewesen, und sie erlangen neue Kraft.

Das Wasser der liebevollen Zuneigung

Wie schön wäre es, wenn alle Lebewesen jetzt gleich Glück besäßen und die Ursache von Glück, die altruistische Liebe zu den anderen. Mögen sie deutlich erkennen, daß es ihnen an ihrem eigenen Glück mangelt, weil ihr Geisteskontinuum nicht mit der Feuchtigkeit der liebevollen Zuneigung verbunden ist. Mögen sie das Glück besitzen. Möge ich dazu beitragen. Mögen die Zufluchtsobjekte dazu ihren Segen geben.

Alle Ressourcen in der Natur – ob sie in jemandes Besitz sind oder nicht – bilden die lebensnotwendige Grundlage für alle Lebewesen in Gegenwart und Zukunft. Wie schön wäre es doch, würden alle Menschen dies klar erkennen und ihre natürliche Umwelt schützen wie ihren eigenen Körper. Mögen sie besonders das Wasser als einen kostbaren Schatz betrachten und auf die Herstellung giftiger Substanzen verzichten.

Indem man seine Bitten an das Zufluchtsobjekt des eigenen Glaubens oder an ein anderes Objekt der Wertschätzung richtet, ziehen sich die Regenwolken aus der Liebe dieser hohen Wesen zusammen, welche ununterbrochen zum Nutzen und Glück aller Wesen in allen Gegenden dieser Welt wirken. Diese Wolken sind dadurch entstanden, daß die verehrungswürdigen Wesen den Geist, der in seinem Wesen klar, erkennend und von falschen Sichtweisen nicht beeinträchtigt ist, mit der Feuchtigkeit der altruistischen Liebe zusammengebracht haben.

Aus diesen Wolken fließen Ströme von weichem, kühlem Nektar. Er fließt in alle Wesen ein und reinigt sie von mangelnder Erkenntnis und falschen Auffassungen und deren Anlagen – insbesondere von der unersättlichen Anhaftung an vermeintlich attraktive Objekte, die vielfach fälschlich für Liebe gehalten wird. Dieser Nektar reinigt sodann die Menschen von ihrer auf Gier beruhenden Zerstörungswut, mit der sie Jagd auf Tiere machen und ganze Arten ausrotten. In ihnen entsteht so die echte Liebe zu den Wesen – eine Liebe, die allen unabhängig davon, ob sie vertraut oder fremd sind, von Herzen wünscht, daß sie Glück erleben und die Ursachen von Glück finden mögen.

Die Nektarströme fließen dann von den Wesen nach außen und stellen die verlorengegangene Kraft des natürlichen Wasserelementes wieder her und reinigen es von allen giftigen Substanzen; sie füllen alle Wasserreserven der Erde an. Dadurch entwickelt das Wasserelement im Grundwasser, in den verschiedenen Gewässern, im Regen und in den Böden sein heilendes Potential. So wird alles Wasser zu einem großen Reservoir, aus dem die Wesen unerschöpflich Nutzen und Wohlergehen für Körper und Geist gewinnen können.

Die Wärme des Mitgefühls

Es steht außer Frage, daß ich selbst und alle anderen Wesen wie Menschen und Tiere Leiden nicht einmal im Traum erleben möchten. Doch weil wir uns nicht bewußt sind, daß wir dazu die Ursache für Leid aufgeben müssen, nämlich andere zu schädigen, entstehen Tag und Nacht heftige Wogen des Leids. Wie schön wäre es, wenn alle Lebewesen jetzt gleich von Leiden und ihren Ursachen befreit wären. Mögen sie dies erreichen. Möge ich dazu beitragen. Mögen die Zufluchtsobjekte und Heiligen dazu ihren Segen geben.

Ohne die Natur könnte kein Wesen auch nur einen Tag existieren. Wir schön wäre es doch, würden alle Menschen dies klar erkennen und ihrer natürlichen Umwelt keinen Schaden zufügen durch die Ausrottung von Tieren, durch die Zerstörung von Wäldern und anderen Lebensräumen sowie durch die Vergiftung der Luft und Atmosphäre.

Mögen wir aufhören, Stoffe in die Luft zu entlassen, die uns und andere schädigen.

Was ist unsere Situation? Obwohl alle Menschen auf dieser Erde sich tagtäglich, Stunde um Stunde, Minute um Minute plagen und mühen, erfahren sie doch nicht Glück und Wohlergehen, die sie tatsächlich zufriedenstellen könnten – im Gegenteil: Wie ein Meer von heftigen Wellen werden sie von vielfältigen körperlichen und geistigen Leiden aufgewühlt. Untersucht man diese Situation genauer, so stellt man fest, daß die unerwünschten Leiden aus schädlichen Ursachen entstanden sein müssen, die diesen Leiden entsprechen.

Selbst wenn man sich selbst für intelligent und gebildet hält, kennt man oft in Wirklichkeit im eigenen Geist nicht den Unterschied zwischen heilsamer Geisteskraft und der unheilsamen Geisteshaltung, die auf falschen Sichtweisen beruht. So ist kaum bekannt, wie dauerhaftes Glück wirklich entsteht und Leiden mit all seinen Ursachen zu beseitigen ist. Überwältigt von solcher Unwissenheit, steht man selbst unter der Kontrolle seines Geistes, und der Geist wiederum ist wie ein Sklave der Verblendung und den Leidenschaften unterworfen. In dieser Situation begehen die Wesen immer wieder eine Vielzahl von Handlungen, mit denen sie anderen Wesen und ihrer Umwelt schaden, obwohl diese es wert wären, daß man sich von Herzen um sie sorgt. Solche Handlungen sind die Ursachen unserer Leiden.

Deshalb bitte ich Euch, Ihr Zufluchtsobjekte, schützt aus Eurem Erbarmen mich und alle anderen Lebewesen vor den mannigfaltigen unerwünschten Leiden und deren Ursachen, d. h. dem Denken und Handeln, das andere schädigt. Befreit uns schnell und vollständig von den brennenden Qualen in unserem Geist, die durch den Wunsch entstehen, anderen zu schaden – durch Haß, Rachsucht und Gewalt. Reinigt die äußere Welt, insbesondere die Atmosphäre von den menschlich verursachten Klimaveränderungen und anderen Schädigungen, die mit dem Hitzeelement zusammenhängen und z. B. aus der Verbrennung fossiler Stoffe sowie anderer schädlicher Dämpfe entstanden sind. Auch mögen alle Wesen das Glück haben, reine, gesunde Luft zu atmen, frei von krankmachenden Substanzen.

Aufgrund dieser Bitte ergießen sich von den Zufluchtsobjekten ruhig fließende Ströme von Nektar und strahlendem Licht, die mich selbst und alle anderen Lebewesen von allen körperlichen und geistigen Leiden und deren Ursachen reinigen. Das Licht und die Kraft strahlen dann nach außen und durchdringen die Atmosphäre, die Luft sowie alle Regionen der Erde, alle Wälder und Pflanzen; sie stellen die Kraft des Feuerelementes wieder her, das zur Reifung und Fruchtbarkeit nötig ist. Die Natur wird so wieder zu einem unerschöpflichen, sich immer neu regenerierenden Reservoir für alle Lebewesen.

Die Menschen erkennen nun deutlich, daß die Frucht von hilfreichen Handlungen Glück und die Frucht von schädigenden Handlungen Leid ist, so daß sie in Zukunft von allen noch so subtilen Gedanken, sich gegenseitig Schaden zuzufügen, ablassen. Wie Geschwister leben sie zusammen, die sich gegenseitig enge Freunde und aufrichtige Helfer sind.

Bewegte Mitfreude

Die Lebewesen, die nichts als Glück wünschen, erleben doch Leiden, weil sie selbstsüchtig – ohne Rücksicht auf andere – nach eigenem Glück trachten und auf der Grundlage ihrer falschen Sichtweisen falsche Handlungen begehen. Wie schön wäre es doch, wenn alle Wesen ausschließlich in Wohlergehen leben könnten, das ununterbrochen andauert und von allen Leiden frei ist. Mögen sie dieses erleben. Möge ich es bewirken. Mögen die Zufluchtsobjekte dazu ihren Segen geben.

Mögen alle Menschen, die die Güter in der natürlichen Umwelt benutzen, erkennen, daß sie selbst diese Güter zu ihrem Leben benötigen, und aufgrund dieser Einsicht alle falschen Handlungen unterlassen wie die Vergeudung wertvoller Ressourcen der Erde für den kurzfristigen Nutzen einiger weniger.

Indem man auf diese Weise seine Gebete an die Heiligen richtet, die großes Erbarmen besitzen, strömen von diesen Zufluchtsobjekten Weisheit, Liebe und Kraft in Gestalt von vielfarbigem Licht und reinem Nektar wie weiße Milch in alle Wesen dieser Erde ein. Sie füllen ihren Körper und Geist vollständig an und waschen alle körperlichen Krankheiten und geistigen Leiden, besonders die Störungen der Energien in den vier Elementen vollständig hinweg. Wenn Nektar und Licht auf die Menschen strömen, lassen diese von schädigendem und ausbeuterischem Verhalten ab und führen ein Leben in Achtsamkeit und im Einklang mit der Natur.

Das Licht und die Kraft strahlen nach außen und beseitigen auch in der äußeren Welt die Schädigungen und Fehlfunktionen durch das Element des Windes und die dadurch erzeugten Umstände für Armut, Mangelernährung und Krankheiten. Dadurch manifestieren sich die im Windelement natürlich vorhandenen guten Wirkungskräfte. Dies führt dazu, daß sich die Elemente regenerieren, die Bodenschätze neu anfüllen und daß allerorts die Ernten anwachsen. Die gesamte Umwelt ist im Gleichgewicht, so daß alle Lebewesen zukünftiger Generationen auf dieser Erde gesunde Nahrung und reines Trinkwasser genießen, Wälder, Pflanzen und andere Ressourcen der Erde für ein genügsames Leben in Wohlergehen und ohne Mangel nutzen können.

Alles Negative nutzen und umwandeln

Untersucht man das Abhängige Entstehen sorgfältig mit vernunftgemäßen Denken, wird man erkennen, daß Nutzen und Schaden, gut und schlecht relativ sind. „Widrige Umstände können zu Hilfen auf dem Pfad werden" – möge ich wie die Heiligen in der Vergangenheit alles Negative nutzen, um es in Positives umzuwandeln.

Im allgemeinen unterliegen viele Menschen – und dies gilt gleichermaßen für Gelehrte wie für Ungebildete – der Fehleinschätzung, daß sich Materialismus und Spiritualität gegenseitig widersprechen; sie erkennen nicht, daß man eine materielle und spirituelle Entwicklung miteinander verbinden kann, daß beide sich ergänzen können. Die großen indischen

Meister der Vergangenheit wie Nagarjuna, Aryadeva haben deutlich gemacht, daß Glück und Leid sowie Nutzen und Schaden, die ein fühlendes Wesen selbst in kurzen Zeitabschnitten wie einigen Stunden oder Minuten erlebt, gleichermaßen von äußeren, materiellen Faktoren wie von inneren, geistigen Bedingungen abhängig sind.

Besonders wenn man die Entwicklung einer Gesellschaft über viele Jahrhunderte hinweg untersucht, stellt man fest, daß geistige Faktoren die materielle Entwicklung beeinflußt haben.

Auch Wissenschaftler verschiedener Disziplinen schenken heute dem Geist und der engen Beziehung zwischen Geist und Materie größere Aufmerksamkeit.

Für jeden Menschen, der für sich und andere Wohlergehen wünscht, besteht seine essentielle Verantwortung darin, die richtigen Methoden anzuwenden, um im eigenen Geist Tugenden wie Liebe und Mitgefühl zu entwickeln und zu stärken. Das gilt insbesondere heutzutage, da ein rasanter technischer und materieller Fortschritt zu beobachten ist. Es gibt jedoch keinen, der nur durch materielle Errungenschaften auch im geistigen Sinn wirklich so von Glück angefüllt wäre, daß er sich zufrieden zurücklehnen und entspannen könnte. Im Gegenteil: Von Tag zu Tag prasseln neue Sorgen, Ängste und unerfüllte Erwartungen sowie neue Gefahren auf die Menschen ein, die zu vielen Konflikten führen. Die Welt wird von heftigen Wogen des Leids erschüttert; viele Menschen erkennen nicht den kostbaren Wert ihres Lebens, manche denken schon bei an sich geringfügigen Anlässen daran, sich das Leben zu nehmen.

Der große indische Meister Nagarjuna sagte:

Betrachte Gedanken wie Bildnisse im Wasser, im Staub oder im Stein. Im Falle von verblendeten Gedanken ist es am besten, wenn sie von erster Art sind, im Falle der Ausübung von Dharma, von der letzten.

Wenn Tugenden des Geistes entstehen, die so stabil sind wie in Stein gemeißelte Bildnisse, kann man von den Fehlern nicht überwältigt werden. Wenn man solche inneren Werte im täglichen Leben nicht vernachlässigt, sondern sich bemüht, sie zu entwickeln, auch wenn man nur ab und zu ein wenig Zeit zur Verfügung hat, so werden sie entstehen; wenn sie einmal entstanden sind, liegt es in ihrer Natur, daß sie weiter anwachsen. Dies ist bekannt in allen echten religiösen Traditionen der Welt. Man kann es den vielen Biographien von Heiligen entnehmen, deren Leben von einer Haltung durchdrungen war, die das Glück und Leid der anderen für wichtiger hält als die eigenen Interessen.

Wenn man die Geisteshaltung übt, die andere mehr schätzt als die eigene Person, ist man Tag und Nacht glücklich. Schädigt man dagegen im Interesse des eigenen Wohlergehens andere, ist sogar im Hinblick auf das eigene Wohl der Verlust größer als der Gewinn. Mögen wir von schädlichem Tun ablassen und Hilfreiches vollbringen.

Ökologie im alten Tibet

von Tenzin P. Atisha

Seit Jahrhunderten leben die Tibeter im Einklang mit der Natur, stets auf der Suche nach einem besseren Verständnis ihrer inneren Gesetzmäßigkeiten. Unsere Religion, der Buddhismus, hat hierbei eine wichtige Rolle gespielt. Das allgemeine Tabu, durch das die Umwelt bei uns vor Ausbeutung geschützt war, ergibt sich unmittelbar aus unserem buddhistischen Glauben und aus dem Wissen um die Wechselwirkung zwischen allen Pflanzen, Lebewesen und den Elementen der „unbelebten" Natur. Der Schutz der Umwelt ist Bestandteil unseres täglichen Lebens. Wir haben jahrhundertelang so gelebt und machen kaum einen Unterschied zwischen Religionsausübung und Sorge für die Umwelt.

Wir sind uns der gegenseitigen Abhängigkeiten in der Welt bewußt. Wir Tibeter wissen, daß unser großes Land mit seiner mannigfaltigen Tier- und Pflanzenwelt, seinen Urwäldern und vor allem den zahlreichen großen Flüssen, die hier entspringen, eine Quelle des Lebens für ein Gebiet darstellt, das um ein Vielfaches größer ist als Tibet selbst. Für den größten Teil Asiens ist Tibets natürliche Umwelt seit jeher von entscheidender Bedeutung. Und so wurde das Ökosystem dieses Landes jahrhundertelang aus einer gemeinsamen Sorge um das Wohl der Menschheit im Gleichgewicht gehalten.

Für die Erhaltung dieses Gleichgewichtes waren im wesentlichen die beiden folgenden Faktoren verantwortlich: Maßnahmen, die von der Regierung ausgingen, und Verhaltensregeln, die die Gesellschaft entwickelte.

Verordnungen zum Schutz der Tiere und der Umwelt

Im Wasser-Pferd-Jahr (1642) erlangte der Große Fünfte Dalai Lama, Ngawang Lobsang Gyatso, die höchste geistliche und politische Autorität in Tibet. Seither wurde im zehnten Monat eines jeden Jahres im Namen des Dalai Lama eine Verordnung zum Schutz der Tiere und der Umwelt erlassen (1). In einer Verordnung (oder „Tsatsig") des Großen Dreizehnten Dalai Lama heißt es:

„Vom ersten Monat des tibetischen Kalenders bis zum 30. Tag des siebten Monats soll niemand den vielen verschiedenen Vögeln in der Luft, den Tieren in den Bergen und Wäldern sowie den Fischen und Ottern im Wasser – ausgenommen Tiger, Leoparden, Bären, Hyänen, Ratten und Rischu (es gibt keine Entsprechung) – Schaden zufügen oder sie gar töten. Niemand, sei er nun von hohem oder niedrigem Stand, soll einem Tier auf dem Lande, im Wasser oder in der Luft, wie groß oder klein es auch sein mag, Gewalt antun oder ihm Schaden zufügen" (2).

Als der Dalai Lama noch minderjährig war, wurde das Tsatsig vom Regenten erlassen. So lautet z. B. ein Tsatsig des Regenten Tagdra aus dem Jahre 1940:

„Die tibetische Regierung hat verfügt, daß von diesem Eisen-Drachen-Jahr an in jedem Dorf und in jeder Stadt in Tibet am 8., 15. und 30. Tag eines jeden Monats, am 4. Tag des 6. Monats, am 22. Tag des 9. Monats und am 25. Tag des 10. Monats keine domestizierten Tiere getötet werden dürfen, um ihr Fleisch zu verkaufen oder zu verzehren" (3).

Zu besonderen Anlässen und auf Anraten des Staatsorakels von Netschung wurde gelegentlich eine besondere Verordnung herausgegeben. So erließ der Regent Tagdra am 28. Tag des 7. Monats des Holzaffen-Jahres (1944) ein spezielles Tsatsig, in dem es hieß:

„Für die Gesundheit Seiner Heiligkeit des Dalai Lama, zur Förderung des Dharma und zum Wohle aller fühlenden Wesen werden die Dorfvorsteher, Beamten und Gouverneure in allen Bezirken Tibets angewiesen, das Töten von allen Tieren mit Ausnahme der räuberischen Hyänen und Wölfe zu verhindern. Die Fische und Otter im Wasser, die Tiere in den Bergen und Wäldern, die Vögel in der Luft, alle Tiere und Insekten, die mit der Gabe des Lebens ausgestattet sind, ob groß oder klein, müssen geschützt oder gerettet werden" (4).

Die Verordnungen wurden überall in Tibet verbreitet und mußten von den Dorfvorstehern, Beamten oder Gouverneuren auf öffentlichen Versammlungen, die eigens zu diesem Zweck abgehalten wurden, verlesen werden. Die versammelten Menschen gelobten, sich an die Bestimmungen zu halten. Dann wurde ein Schriftstück in diesem Sinne aufgesetzt und an die tibetische Regierung geschickt. Vor jedem Bezirks- und Gouverneursbüro gab es spezielle Tafeln, an denen die Bestimmungen das ganze Jahr hindurch aushingen.

Die praktische Ausführung des Tsatsig war durch klare Bestimmungen geregelt: „Die Gouverneure und

Beamten eines jeden Bezirks müssen Beobachter entsenden, um sicherzustellen, daß diese Verordnung in allen Gegenden des Schneelandes gewissenhaft befolgt wird. Im Falle einer Zuwiderhandlung sollen die betreffenden Beobachter mir (dem Regenten Tagdra) persönlich Bericht erstatten und entsprechende nachprüfbare Beweise vorlegen" (5).

Die Anweisung geht sogar noch weiter, indem sie die Beamten warnt: „Wenn die tibetische Regierung davon hört oder die betreffenden Gouverneure darüber berichten, daß einzelne Personen, gleich ob in hoher oder niedriger Stellung, diesen Verordnungen nicht die genügende Beachtung schenken und fortgesetzt gegen sie verstoßen, sollen sie entsprechend den Gesetzen des Landes bestraft werden. Wenn die Gesetzesbrecher gefaßt werden, sollen nicht nur sie selbst, sondern auch die Gouverneure der Bezirke, in denen die Übertretung stattfand, bestraft werden" (6). Und:

„Die Gouverneure aller Bezirke müssen dem Kaschag (Parlament) einen Bericht darüber vorlegen, wie sie diesen Tsatsigs in ihrem jeweiligen Zuständigkeitsbereich Geltung verschaffen" (7).

Reglementierter Verzehr von Fleisch

Außerdem erließ die tibetische Regierung jedes Jahr im vierten Monat (dem Saka Dawa) ein „Fleischgesetz", das den Verzehr von Fleisch bis zum fünfzehnten Tag des Monats gänzlich untersagte. Später wurde es von S. H. dem XIV. Dalai Lama auf einen vollen Monat ausgedehnt (8).

Während der Wintermonate wurden diese Vorschriften jedoch nicht so streng ausgelegt: „Wenn man (wegen der Höhenlage) nicht ohne den Verkauf oder Verzehr von Fleisch überleben kann, ist das Töten zulässig. Aber wenn man ohne den Verkauf von Fleisch leben kann, sollte man das Töten von Yaks und anderen Haustieren unterlassen, und die Bezirksbeamten müssen sich ernsthaft bemühen, Verstöße dagegen aufzuklären" (9).

Die örtlichen hohen Rinpotsches oder Lamas gaben ähnliche Tsatsigs heraus. Diese Tradition war überall in den drei Regionen Tibets verbreitet. Die Verordnungen galten als das wirksamste Mittel, um Leben, Frieden, Religion, Glück und Gesundheit für alle fühlenden Wesen zu bewahren und um Krankheit und Krieg zu verhindern.

Ein paar Jahrzehnte später schreibt Seine Heiligkeit der XIV. Dalai Lama in einem vielgelesenen Buch: „Alle Lebewesen streben vor allem nach Frieden, Sicherheit und Wohlergehen. Das stumme Tier hängt ebensosehr am Leben wie der Mensch, und schon das einfachste Insekt sucht Schutz vor Gefahren, die sein Leben bedrohen. Wie jeder einzelne von uns leben und nicht sterben will, so verhält es sich mit allen anderen Geschöpfen im Universum" (10).

Wie wirksam die Maßnahmen zum Schutze der Umwelt waren, kann in den Berichten verschiedener westlicher Tibetbesucher, Forschungsreisender und Naturfreunde nachgelesen werden. So schrieb der britische Forscher Kingdom Ward vor dem Ersten Weltkrieg, daß er noch nie so viele verschiedene Arten von Vögeln an einem Ort gesehen habe; es sei ein einziger großer zoologischer Garten.

Josef Rock schrieb 1930 im National Geographie:
„Wohin ich auch schaute, überall sah ich Wild in aller Ruhe grasen."

Der deutsche Reisende Dalgleish erzählte, er habe eine Herde von 10000 Tschiru (weiße Tibet-Antilopen) gesehen, und in den vierziger Jahren berichtete Leonard Clark:

„Alle paar Minuten entdeckten wir einen Bären, einen Wolf auf der Jagd, Herden von Moschustieren, Kiangs (Wildesel), Gazellen, große Hornschafe und Füchse. Dies muß eines der letzten großen unberührten Wildparadiese sein."

Das Ritual zur Bodenerhaltung

Die Tibeter wurden überdies ermutigt, den Boden zu kultivieren. Am achten Tag des ersten Monats des Wasser-Ochsen-Jahres (1913) erklärte Seine Heiligkeit der XIII. Dalai Lama:

„Von nun an soll es niemandem gestattet sein, jemand anderen an der Anpflanzung von Bäumen auf freiem, unbebautem Land zu hindern. Niemand, weder die Regierung noch private oder religiöse Einrichtungen, dürfen sich solchen gesunden und nützlichen Handlungen in den Weg stellen" (11).

Im zweiten Monat eines jeden Jahres führte die tibetische Regierung ein Bodenerhaltungsritual durch, auch „Vasenritual" genannt (12). Es erstreckte sich über sieben Tage und wurde von acht Mönchen des Namgyäl-Klosters sowie einem Mönch des Gyüto-Tantrakollegs ausgeführt. S. H. der Dalai Lama nahm ebenfalls an dem Ritual teil (13).

Es gibt einen offiziell anerkannten Text (unter dem Titel „Sa-Tschü-Bumpa") für das Bodenerhaltungsritual. Tausende von Vasen wurden aus Lehm angefertigt und mit fünf wertvollen Metallen, mit verschiedenen Arten von Holz, Getreide, Weihrauch, Wasser,

Milch, Stoff, Heilkräutern und den acht Beigaben der „Nagas" (14) gefüllt. Die Vasen wurden dann unter verschiedenen Gottheiten aufgeteilt. Die Vase, die der Wassergöttin dargebracht wurde, bestand aus Silber; sie war dem Silberglanz nachempfunden, der über dem Wasser eines bestimmten Sees liegt. Nach Abschluß des Rituals wurden die Vasen zu verschiedenen Bergen und Seen in Tibet gebracht und dort vergraben oder versenkt. Für das Gebiet um Lhasa waren drei Namgyäl-Mönche mit dieser Aufgabe betraut, in West-, Nord- und Südtibet waren es jeweils ein Mönch des Namgyäl-Klosters und des Gyüto-Tantrakollegs sowie ein ein offizieller Postbote. Nach Osttibet wurde jedoch nur ein Bote geschickt. Am fünften Tag des vierten Monats wurden die Silbervasen im 160 Kilometer von Lhasa entfernten Meldro-See versenkt, dem Sitz der Gottheit Lugyäl Made Setschen.

Das Vasenritual war begleitet von dem Ritual der drei Regenkügelchen. Beide Rituale wurden zur gleichen Zeit abgeschlossen. Die Kügelchen dienten dazu, die Reinheit, Qualität und Menge des vorhandenen Wassers zu sichern, den See neu zu beleben und den Regen herbeizuführen, der nötig ist, um das Leben auf der Erde zu bewahren (15).

Das Wasser- und Regen-Ritual

Im dritten und vierten Monat eines jeden Jahres fällt sehr wenig Regen in Tibet. Die tibetische Regierung wandte die folgenden Maßnahmen an, um eine ausreichende Niederschlagsmenge sicherzustellen:

(1) Jedes Jahr wurden in diesen Monaten acht Mönche des Namgyäl-Klosters zu sieben verschiede-

nen Seen in und um Lhasa geschickt. Dort rezitierten sie ganz bestimmte Texte, um den Regen herbeizurufen.

(2) Wenn die Regenmenge nicht ausreichend war, erließ die tibetische Regierung eine Verordnung, die alle öffentlichen und privaten Bauarbeiten untersagte. Insbesondere während des vierten Monats ruhten sämtliche Bautätigkeiten.

(3) Auf Ersuchen der tibetischen Regierung führten Einsiedler, die sich auf das Regenmachen spezialisiert hatten, in der Umgebung von Lhasa besondere Zeremonien durch.

(4) Wenn der Regen sich immer noch nicht einstellen wollte, ordnete die Regierung eine Massenlesung des Kangyur (der Worte des Buddha) an. Diese wurde auf den Feldern vorgenommen und nahm mehrere Tage in Anspruch. In dieser Zeit durfte kein Fleisch gegessen werden. Nach der vollständigen Lesung aller 108 Bände wurden die Schriften von den Mönchen in einer Prozession rund um die Felder getragen. Die Leute im Dorf hatten ihre besten Kleider angelegt und wohnten ebenfalls den Zeremonien bei (16).

Eine weitere Methode, Regen herbeizuführen, bestand darin, daß die Bevölkerung von der Regierung angewiesen wurde, zwei oder drei Tage lang auf der Straße mit Wasser zu spielen. Das Wasser ergoß sich dann über jeden, der die Straße entlang ging, und selbst Minister und hohe Lamas wurden nicht verschont. Dies geschah in den Monaten der Wasserknappheit, um die Wassergottheit günstig zu stimmen (17).

Von Zeit zu Zeit führte die Regierung ein Ritual zur Reinigung aller Lebewesen und der Umwelt durch. Auf diese Weise sollten alle Übel, die der Umwelt drohen, beseitigt und die Natur in ihrem ursprünglichen Zustand erhalten werden.

Reinigung der Atmosphäre mit Weihrauch

Eine traditionelle Methode, die Atmosphäre rein zu erhalten, ist das Opfern von Weihrauch (Sangsöl). Die Darbringung kann sowohl eine einzelne Person als auch eine Gruppe durchführen – und zwar zu solchen Anlässen wie dem Geburtstag Seiner Heiligkeit des Dalai Lama, einer Hochzeit, dem tibetischen Neujahrstag oder bei anderen wichtigen Ereignissen.

Der Weihrauch wird auf einem Steinherd oder in einem großen urnenförmigen Brenner verbrannt. Menschen oder Tiere sollten nicht darauf treten. Als Brennmaterial verwendet man Holz, nicht Kohle, und die als Weihrauch verbrannten Substanzen sollten wohlriechend sein, wie z. B. Farn- oder Wacholderblätter, Zweige von Nadelholzbäumen, Rhododendron, rotes oder weißes Sandelholz. Außerdem werden Tsampa (geröstetes Gerstenmehl), Butter, Zucker, Heilkräuter und andere Stoffe verbrannt, die keinen Alkohol, Zwiebeln oder Knoblauch enthalten.

Am fünfzehnten Tag des fünften tibetischen Monats wird der Tag des Welt-Weihrauchopfers begangen. Dies ist ein allgemeiner Feiertag, dessen Anfänge bis ins 8. Jahrhundert zurückreichen, als das erste buddhistische Kloster Tibets, bekannt unter dem Namen Samye, fertiggestellt wurde (18).

Weihrauchopfer werden Lamas, Schutzgottheiten, Ortsgottheiten, Erdgeistern usw. dargebracht, um Regen zu erbitten, das Wachstum der Wälder und die Fruchtbarkeit der Erde zu fördern, Krankheiten, Krieg und Unheil abzuwenden, Wohlstand herbeizuführen und allen fühlenden Wesen, denen der Rauch zugetragen wird, Frieden zu bringen.

Die Gesellschaft sorgt für die Natur

Alle Tibeter – Mönche und Nonnen, Bauern, Nomaden usw. – hatten im Alltag ihre eigenen Regeln und Vorschriften, in denen ihre Sorge um die Umwelt zum Ausdruck kam. Nach seinem Aufenthalt in Lhasa in den 1940er Jahren schrieb Hugh Richardson: „Ich habe noch nie so wenig Anzeichen von Haß, Mißgunst, Bosheit und Lieblosigkeit gesehen. Die buddhistische Ethik durchdringt alle Bereiche der tibetischen Kultur. Das tibetische System bringt Menschen hervor, die als Angehörige der Oberschicht Eigenschaften wie Selbstbeherrschung, Klugheit und eine oft hohe Gelehrsamkeit zeigten, die kompetent, bescheiden und würdevoll waren. Die meisten Leute bemühten sich, im Einklang mit der Natur zu leben und nicht gegen sie" (19).

Die tibetische Lebensphilosophie verbietet grundsätzlich das Töten. Die Kinder lernen von ihrer Geburt an, daß alles Leben heilig ist. In seinem Klassiker „Sieben Jahre in Tibet" schildert Heinrich Harrer, welche Probleme ihm die tibetischen Arbeitskräfte beim Bau des Dammes bereiteten, der bis auf den heutigen Tag die Hauptstadt Lhasa vor Überschwemmungen schützt:

„Und wie viele Unterbrechungen und Pausen gab es! Mit einem Aufschrei entdeckt einer einen Wurm auf der Schaufel: Alles wird hingeworfen, der Wurm gerettet und in Sicherheit gebracht".

Den Mönchen und Klöstern war es untersagt, mit Vieh Handel zu treiben. Im Sommer zogen sich die Mönche und Nonnen, die immerhin ein Fünftel der gesamten tibetischen Bevölkerung ausmachten, für drei Monate in Klausur zurück. Vom sechzehnten Tag des sechsten tibetischen Monats bis zum dreißigsten Tag des achten Monats blieben sie innerhalb der Klostermauern. Solche Klausuren dienten dazu, das Töten oder unabsichtliche Zertreten von Würmern, Insekten, Larven usw., die sich wärend des Sommers entwickeln, zu verhindern und das Leben der Pflanzen zu schützen. Stattdessen beteten die Mönche und Nonnen für das Wohlergehen aller fühlenden Wesen.

Die Bauern hatten ihre eigenen Traditionen. Es war bei ihnen üblich, daß sie Versammlungen abhielten und für das laufende Jahr ihre eigenen Gesetze zum Schutze der Umwelt machten. So waren etwa in der Wachstumsphase der Pflanzen die folgenden Regeln zu beachten:

(1) Auf den Feldern durften keine Streitigkeiten oder Spiele ausgetragen werden. Wenn dies doch einmal geschah, wurde die normalerweise dafür vorgesehene Strafe verdoppelt.

(2) Niemand durfte ohne angemessene Kleidung auf das Feld gehen.

(3) Das Abfeuern von Gewehren war verboten, ebenso lautes Feiern oder unnötiges Schreien.

(4) Neuvermählten, Hochzeitsgesellschaften und Leichenzügen war der Gang über die Felder verwehrt, damit die Menschenmenge dort keinen Schaden anrichtete. Außerdem galt es als schädlich für die Gesundheit, Äcker, Flüsse oder Seen mit den Leichen von Menschen in Berührung zu bringen, die an einer Krankheit gestorben waren [20].

Die Anthropologen Melvyn Goldstein und Cynthia Beall haben dokumentiert, wie die Nomaden in der Zeit vor 1959 ihre Gebiete in einem „Weidebuch" genauestens in einzelne Abschnitte unterteilten. Die Anzahl der Tiere auf jedem Weideareal war streng reguliert, und Verstöße wurden rasch geahndet. Alle drei Jahre fand eine Viehzählung statt, und das Land wurde sorgsam vor Überweidung geschützt. Nur so war es den Nomaden möglich, das Weideland viele Jahrhunderte hindurch kontinuierlich zu nutzen.

Tibets einzigartige Natur

Jahrhundertelang ruhten Tibets Bodenschätze unangetastet in der Erde, sieht man einmal von der vereinzelten Goldgewinnung ab. Die Tibeter glaubten, daß die Ausbeutung der natürlichen Ressourcen das Land seiner natürlichen Kraft beraubt, daß sie das Mißfallen der Gottheiten erregt und der Gesellschaft Schaden zufügen würde. So wurde etwa aus dem Manasarovar-See in Westtibet zu Beginn dieses Jahrhunderts Gold gefördert. Aber nach dem Ausbruch einer Pokkenepidemie, die auf den Zorn der dort wohnenden Gottheit zurückgeführt wurde, machte die tibetische Regierung dem Abbau von Gold ein Ende (21).

In einem anderen Fall, der sich in den zwanziger Jahren abspielte, erkundete Khenrab Künsang Möndrag, ein im Bergbau geschulter Tibeter, Teile von Dagpo und Lhokha und fand große Erdölvorkommen. Aber die Regierung verweigerte die Erlaubnis zur Förderung des Erdöls mit der Begründung, daß dies dem Ökosystem schaden werde (22).

In Zentraltibet allein hat man mehr als 5760 Pflanzenarten gezählt, von denen 3000 auch wirtschaftlich interessant sind. Außerdem gibt es mehr als 1000 verschiedene Heilkräuter wie Färberdistel (Saflor), Kaiserkrone (Fritillaria thunbergii), chinesischer Raupenpilz, chinesische Angelika-Wurzel, Salbei (Salvia mititiorrhiza) und Dangschön (Condonopsis pilosula/ Glockenwinde) (23).

Tibet besitzt das größte zusammenhängende Waldgebiet Chinas. Seine weitgehende Zerstörung ist inzwischen durch viele Dokumente belegt. Bis 1980 sind Bäume im Gesamtwert von schätzungsweise 54 Milliarden US-Dollar gefällt und nach China transportiert worden. Diese planmäßig betriebene, hemmungslose Abholzung hat zu einem raschen Verfall des Ökosystems in Tibet geführt (24).

Tibet ist die wichtigste Wasserscheide für den asiatischen Kontinent. Vier Flüsse, die allesamt einen „bedeutungsvollen" Namen tragen, entspringen in Westtibet in der Nähe des Kailasch-Berges. Senge Khabab, „der aus dem Löwenmaul Entsprungene", fließt durch Kaschmir und wird in Pakistan zum Indus. Langtschen Khabab, „der aus dem Elefantenmaul Entsprungene", fließt südwärts und wird zum Sutlej im westlichen Indien. Maptscha Khabab, „der aus dem Pfauenmaul Entsprungene", wird zum heutigen Ganges (die Hindus sehen seine Quelle allerdings im indischen Gangotri). Und Tatschok Khabab, „der aus dem Pferdemaul Entsprungene", fließt in östlicher Richtung, vereinigt sich südlich von Lhasa mit dem Kyitschu-Fluß und mündet zusammen mit ihm im Brahmaputra, der sich durch Assam und Bangladesch windet.

Ein Fluß mit dem Namen Ngotschu entspringt in Zentraltibet, fließt durch Kham in Osttibet und schließlich als Salween nach Burma hinein. Zwei

Flüsse, der Ngomtschu und Dsatschu, fließen von Nordtibet aus durch Kham und bilden in China den Yangtse. Der Matschu-Fluß kommt aus dem Matschen-Pomra-Massiv in Osttibet, durchquert Amdo und wird in China zum Huanghe (Gelber Fluß). Darüber hinaus gibt es mehr als 1500 Seen, die über ganz Tibet verteilt sind (25).

Tibet ist ein gebirgiges Land, und das Gelände ist vielfach sehr steil, so daß viele Flüsse einen enormen Höhenunterschied überwinden müssen. Die Wasserkraft wurde jedoch nie zur Energieerzeugung genutzt, ebensowenig die Erdwärme, die Sonnenenergie oder die Windkraft.

Ökologie im alten Tibet: Ehrfurcht vor der Natur

Aufgrund ihrer Erziehung haben die Tibeter große Ehrfurcht vor allen Erscheinungsformen des Lebens. Sie haben eine Lebensweise entwickelt, die im Einklang mit der Natur steht. Sie hielten sich an die Verordnungen, die von der Regierung zum Schutze der Umwelt erlassen wurden. Durch die Ausübung ihrer Religion streben die Tibeter danach, die Lebenskraft der Erde zu fördern und das Leben auf der Erde zu schützen.

Seine Vorstellungen von der Zukunft hat der XIV. Dalai Lama in einem Fünf-Punkte-Friedensplan zusammengefaßt, den er am 21. September 1987 vor dem Menschenrechtsausschuß des amerikanischen Kongresses in Washington vortrug. Der vierte Punkt dieses Friedensplanes war der Umweltproblematik gewidmet, und es hieß darin:

„Das wenige, was in Tibet verblieben ist, muß geschützt werden, und es müssen Anstrengungen unternommen werden, um die Umwelt wieder in ihr Gleichgewicht zu bringen."

In seiner Nobelpreisrede am 11. Dezember 1989 in der Aula der Universität von Oslo schlug Seine Heiligkeit der Dalai Lama folgendes vor: „Mein Traum ist es, die gesamte tibetische Hochebene in ein freies Gebiet umzuwandeln, in dem Menschen und Natur in Frieden und Harmonie miteinander leben können. Tibet wäre ein Ort, an dem Menschen aus aller Welt nach der wahren Bedeutung des inneren Friedens suchen könnten, fernab von der Hektik und den Spannungen des größten Teils der übrigen Welt. Tibet könnte in der Tat ein kreatives Zentrum für die Förderung und Entwicklung des Friedens werden."

Anmerkungen:

(1) Tsatsig des Regenten Rading Rinpoche aus dem Jahre 1939.
(2) Tsatsig des Großen XIII. Dalai Lama aus dem Jahre 1901.
(3–7) Tsatsig des Regenten Tagdra Rinpotsche aus dem Jahre 1944.
(8) Gespräch mit dem Zeremonienmeister des XIV. Dalai Lama.
(9) Tsatsig des Regenten Tagdra Rinpotsche aus dem Jahre 1944
(10) The Dalai Lama, A Human Approach to World Peace. London 1984.
(11) Shakabpa, Tsepon W. D., Tibet: Eine politische Geschichte (in tibetischer Sprache), Bd 2.
(12, 13) Gespräch mit dem Zeremonienmeister des XIV. Dalai Lama.
(14) Die Nagas werden zum Reich der Tiere gezählt und sollen von ihren unterirdischen Wohnstätten aus für die Fruchtbarkeit des Bodens sorgen. Einige sind Beschützer des Dhar-

ma, aber sie können auch Vergeltung üben, wenn sie gestört werden. In der buddhistischen Ikonographie und in Texten werden sie zur Hälfte als menschliches Wesen und zur Hälfte in Schlangengestalt dargestellt.

(15,16) Gespräch mit dem Zeremonienmeister des XIV. Dalai Lama.

(17) Gespräch mit Professor Dagton Say, Tibetan Medical Institute, Dharamsala, Indien.

(18) Swami Pranavananda, Exploration in Tibet. Calcutta 1950.

(19) Richardson, Hugh E., A Short History of Tibet. New York 1962.

(20) Gespräch mit Professor Dagton Say, Tibetan Medical Institute, Dharamsala, Indien.

(21) Shankhawa Gyurme Sonam, Tibetan Goverment's Political and Religious Ceremonies. Dharamsala 1984.

(22,23) Gespräch mit Professor Dagton Say, Tibetan Medical Institute, Dharamsala, Indien.

(24) Present Conditions in Tibet. Dharamsala 1990.

(25) Shakabpa, Tsepon W. D., A Political History of Tibet. New York 1967.

Ökologisches Desaster: Die Folgen der chinesischen Besatzung Tibets

von Peter von Stamm

Der Kerl hat eine Engelsgeduld. Unentwegt kreist eine Mücke um Sonams Kopf, mal von einem Ohr zum anderen, mal von der Stirn zur Nase, um sich im nächsten Moment auf den Mund zu setzen. Mich würde das rasend, ja, schier verrückt machen. Zuhause, im fernen Deutschland, hätte ich vielleicht schon lange wild fuchtelnd um mich geschlagen und zu einer Zeitung gegriffen, um dem lästigen Treiben des fliegenden Winzlings ein Ende zu bereiten. Nein, ich weiß nicht, ob ich eine solche Geduld aufbringen könnte, wie sie mir hier in diesem kleinen Zelt im Osten Tibets demonstriert wird – von Sonam, einem Khampa, einem stolzen Tibeter mit braungebrannter, gegerbter Haut und kräftigen Händen, denen man die tägliche Arbeit im Wald ansieht. Dieser Kraftprotz sitzt stoisch da, trinkt geduldig seinen Tee und wischt sich nur ab und zu langsam übers Gesicht, wenn die Mücke allzu aufdringlich wird. Dieser Kerl, dem durchaus zuzutrauen ist, daß er mühelos ein ausgewachsenes Yak packen und zu Boden drücken könnte, ist sichtlich bemüht, dem nicht einmal fingernagelgroßen Insekt keinen Schaden zuzufügen. Ganz vorsichtig wedelt seine Hand vor dem Gesicht hin und her.

„Weshalb sollte ich der Mücke etwas antun?", fragt Sonam, und gießt noch etwas Tee ein. „Weil sie mich nervös machen könnte? Weil sie kleiner ist als ich?

Weil ich kräftiger bin als sie? Weil ich etwas Besseres bin als eine Mücke? Ja, ich bin größer als das Insekt. Allein mein Gehirn ist viele tausend Mal größer als die Mücke. Aber bin ich deshalb wertvoller als diese Mücke? Nein, das bin ich nicht."

Tibetische Lebensweise: Respekt gegenüber allen Lebewesen

Sonams Anteilnahme am Leben des kleinen Tieres ist typisch für das Verständnis der tibetischen Buddhisten gegenüber allen Lebewesen und der Natur, deren Wohl ihnen ebenso wichtig ist, wie das eigene. Während wir westlichen, technisch geschulten Menschen uns allzuoft als „Herrscher der Welt", als „Beherrscher der Natur" betrachten, verstehen Tibets Buddhisten die Welt als Einheit, als Ganzes, als etwas Universelles, in der Mikro- und Makrokosmos eng miteinander verbunden und voneinander abhängig sind. Ist der „intelligente Mensch" im zivilisierten Westen stets bemüht, die Natur auszubeuten, auf ihre Kosten möglichst viel zu profitieren, ohne die Grenzen des Nutzens und Benutzens wahrhaben zu wollen, gelten den Tibetern Natur, Pflanzen, Tiere und Menschen als gleichwertig, der Mensch, das vernünftige Wesen, als Hüter der Mutter Erde. So gleicht der versehentlich herbeigeführte Tod des Wurms beim Haus- oder Straßenbau einer Tragödie. Und so gilt es als gute Tat, als Schritt zu einer besseren Wiedergeburt, ein schlachtreifes Tier aus den Klauen des Metzgers freizukaufen und dem Yak, der Ziege oder dem Schaf das Leben zu schenken.

Das innige Verhältnis zur Natur hat dem Himalaya-Staat viele Jahrhunderte lang einen wohl einzigartigen Reichtum an seltenen Tieren und Pflanzen beschert und bewahrt. Schneeleoparden und Riesenpandas waren der Bevölkerung früher ein ebenso vertrauter Anblick wie Schwarzhalskraniche oder Weißfasane. Lange bevor die westliche Gesellschaft Ausdrücke wie „nachhaltiges Wirtschaften", „Naturschutz" oder „Umweltverschmutzung" erfand, sorgte sich das tibetische Volk um den Erhalt der natürlichen Ressourcen, um den Schutz der Tierwelt und um Gleichklang zwischen Mensch und Natur.

Die chinesische Besetzung Tibets – das Ende der Harmonie

Die Herrscher auf dem Dach der Welt erließen immer wieder Anordnungen zum Schutz der Erde – in dem tiefen Bewußtsein, daß nur ein friedliches Neben- und Miteinander den Menschen und der Natur auf diesem Planeten dauerhaft Harmonie und Glück gewähren könne. Doch diese Weitsicht hat die tibetische Hochebene nicht vor dem ökologischen Desaster schützen können, in das es die chinesische Besatzungsmacht gestürzt hat. Als Pekings Truppen 1949/1950 in Tibet einmarschierten, war es schlagartig vorbei mit dem Einklang zwischen Mensch und Natur.

Massentierhaltung und Erosion – die ersten Hungersnöte in Tibet

China zwang Tibets Nomaden und Bauern in landwirtschaftliche Kollektive, um Vieh zunächst für den Eigenbedarf und später für den Export zu züchten. Die

Folge der unüberlegten Massentierhaltung: Wo einst nur kleine Yakherden grasten, weideten schon bald tausende Rinder und Schafe. Wo das Land überweidet ist, fehlt dem Vieh ausreichende Nahrung. Das durchschnittliche Gewicht eines Schafes in Nord-Tibet sank zwischen 1949, als die Chinesen das Land zu erobern begannen, und 1989 von zwanzig auf sechzehn Kilogramm. Ein Großteil des vorher unberührten oder schonend beweideten Graslandes verdorrte, für wildlebende Tiere waren die wichtigsten Weideplätze schnell abgegrast. Chinesen beherrschen schon bald die Landwirtschaft und verdrängten Tibets Viehzüchter von den ehemals fetten Weiden im Süden und Osten des Landes in den unwirtlichen Westen Tibets auf die Hochebene von Chang Tang. Das rasche chinesische Bevölkerungswachstum in Zentral- und Ost-Tibet führte indes zur Ausweitung der bewirtschafteten Flächen selbst in Steilhanglagen am Rande der Gebirgswälder. Vor der Annektierung durch China ließen die tibetischen Bauern ihre Felder regelmäßig und für lange Zeit brachliegen, um eine Auslaugung und Erosion der Böden zu verhindern. Die wohlüberlegte, nachhaltige Bewirtschaftung wollten die Chinesen nicht übernehmen. Ihnen schien alles Tibetische fremd und rückständig. Viele Einwanderer sollten schließlich möglichst schnell mit Nahrung versorgt werden – Rücksichtnahme auf die warnenden Tibeter erschienen ihnen nicht angezeigt.

Chinas Vasallen waren so sehr von sich und ihrer kommunistischen Doktrin überzeugt, daß sie selbst vor der Einführung eines neuen, in 4000 Meter Höhe völlig unbrauchbaren Getreides nicht zurückschreckten. Was dem Geschmack des chinesischen Volkes entsprach und im Reich der Mitte erfolgreich angebaut wurde, mußte nun auch auf dem neuen, soeben eroberten tibetischen Territorium wachsen. So wurden die tibetischen Bauern gezwungen, statt der in Tibet traditionell angebauten anspruchslosen Gerste höhen- und kälteempfindlichen Weizen anzubauen. Nach kurzfristigen Getreideüberschüssen waren die intensiv genutzten Böden jedoch völlig ausgelaugt. Es folgten Mißernten und die erste Hungersnot in Tibets Geschichte, die von 1959 bis 1963 andauerte und der viele tausend Tibeter zum Opfer fielen. Fleisch wurde während dieser Zeit sowohl nach China exportiert als auch vorrangig an die chinesischen Besatzer vergeben.

Eine weitere Hungerperiode, die abermals ungezählte Opfer unter der tibetischen Bevölkerung forderte, folgte in den Jahren 1968 bis 1973. Fortan versuchten die kommunistischen Behörden die ausgelaugten Böden mit hybridem Saatgut und Kunstdünger aufzupäppeln. Doch die fremde Saat hielt den widrigen Umweltverhältnissen nicht lange stand. Neue Weizensorten wurden regelmäßig von Krankheiten befallen, die 1979 die gesamte Ernte zerstörten. China zwingt Tibets Bauern seitdem zum Einsatz von Spezialdüngern, von denen die Tibeter berichten, daß er hochgiftig sei. Sie beklagen, er zerstöre ihr Saatgut, verseuche Böden und Wasser und vergifte die Haustiere. Tibets Exilregierung hegt gar den Verdacht, daß an Tibets Landbevölkerung auf dem Dach der Welt die Wirkung hochtoxischer Chemikalien erprobt wird, die China in Zukunft als Düngemittel einsetzen will. Das Washingtoner Büro der Umweltorganisation Greenpeace deckte 1991 Pläne auf, wonach eineinhalb Millionen Tonnen hochgiftige Klärschlämme aus Baltimore/Maryland nach China exportiert und in Tibet als Dünger verwendet werden sollten.

Die Plünderung der natürlichen Ressourcen Tibets

Nach der Eroberung Tibets und der Flucht des Dalai Lama ins indische Exil zerschlug die chinesische Regierung den tibetischen Staat und teilte die größten Bereiche des bis dahin unabhängigen Landes verschiedenen chinesischen Provinzen zu. So wurde 1965 aus der ehemaligen nord-tibetischen Region Amdo die heutige chinesische Provinz Qinghai. Die tibetische Verwaltungseinheit Kham wurde in die chinesischen Provinzen Gansu und Sichuan eingegliedert. Übrig blieb nur das tibetische Kernland U-Tsang, das sich heute „Autonome Region Tibet" nennt. Diesem kläglichen Rest des ursprünglichen Tibet, der nicht einmal die Hälfte des alten tibetischen Staatsterritoriums ausmacht, gaben die chinesischen Machthaber den Namen Xizang, „das westliche Schatzhaus".

Jagd auf Tiere

Als „westliches Schatzhaus" betrachtet China die ganze tibetische Hochebene. Seit 45 Jahren läßt Peking seine Statthalter auf dem Dach der Welt die natürlichen Schätze Tibets hemmungslos ausplündern und auf nahezu alles Jagd machen, was sich in Berg und Tal bewegt: Schwarzbären, Wildesel (Kyangs), Moschushirsche, Himalaya-Schafe, Luchse, Wölfe, Adler und Brahmani-Enten werden gnadenlos abgeschlachtet und sind heute in Tibet nahezu ausgerottet. Augenzeugen beobachteten, wie chinesische Militärs ganze Herden wilder Yaks mit automatischen Schußwaffen niederstreckten. Yak, Riesenpanda, Schneeleopard und Schwarzhalskranich stehen heute auf der Roten Liste der vom Aussterben bedrohten Tiere. Dennoch geht das Morden der letzten wildlebenden Tiere in Tibet weiter. Chinesische Zeitungen berichten immer häufiger euphorisch von bestens vorbereiteten und wohlorganisierten Jagden in Tibet, die regelmäßig für finanzkräftige Hobbyjäger veranstaltet werden. Schon bald werden viele der auf dem Dach der Welt lebenden Tierarten nur noch dem Reich der Fabelwesen angehören.

Die ausufernde Verlegung vieler tausend chinesischer Truppen nach Tibet führte Ende der fünfziger und Anfang der sechziger Jahre auch zur Jagd auf Hunde und Singvögel. Um den Hunger der Soldaten stillen zu können, töteten die chinesischen Besatzer alles, was ihnen vor die Flinten und in die Netze ging. Die Menschen in Lhasa erzählen, daß sie damals bei Nacht und Nebel und unter Einsatz ihres Lebens Hunde vor den chinesischen Soldaten in den stadtnahen Klöstern versteckt hätten. Als auch die Klöster Opfer des chinesischen Terrors wurden, brachten die Tibeter ihre vierbeinigen Freunde heimlich in die Berge. Viele der ausgesetzten, traurigen Kreaturen ziehen heute in Rudeln um die Städte und Ortschaften, auf der Suche nach Nahrung und stets in der Gefahr, von gelangweilten Soldaten der chinesischen Volksbefreiungsarmee niedergeschossen zu werden.

Ausbeutung der Bodenschätze

Zwei Gründe führten die kommunistischen Machthaber mit ihrem Militär 1949 nach Tibet: Zum einen die für das Militär strategisch günstige Lage. Sie erlaubt es den Chinesen heute, ihre südlichen Nachbarstaaten mit Atomraketen in Schach zu halten. Zum anderen die großen Holz-, Erz- und Mineral-Ressourcen, die Peking heute massiv ausbeuten läßt. Das maßlose Plündern der Schatzkammer im Himalaya hat nicht nur die Zerstörung eines sensiblen Ökosystems in der höchstgelegenen Region der Erde zur Folge, sondern gefährdet auch die Gesundheit ihrer Bewohner. Die Folgen der Zerstörung bekommt schon heute ganz Asien zu spüren.

Tibet ist reich an Chromeisenerz, Kupfer, Eisen, Borax, Lithium und mehr als 120 weiteren Mineralerzen. „In der Autonomen Region Tibet", verkündete KP-Sekretär Yin Fathang 1990 in Lhasa stolz der Presse, „lagern zudem die größten Uranerzvorkommen der Welt". Die Gewinnung des todbringenden, hochgiftigen Schwermetalls ist für die aufstrebende Atommacht China, die Jahr für Jahr im benachbarten und ebenso wie Tibet annektierten Ost-Turkestan (chinesischer Name: Autonome Region Xinjiang) Kernwaffentests durchführt, von besonderer Bedeutung.

Tibet – Endlager für Atommüll?

Chinesische Fachzeitschriften bestätigen, daß Uran in verschiedenen Regionen Tibets abgebaut wird. Dort errichtete Bergwerke und Stollen unterliegen keinen oder nur laxen, mit westlichen Standards nicht vergleichbaren Sicherheitsvorschriften. Die oft sehr brüchige Beschaffenheit der Bodenoberfläche führt bei fehlenden Sicherheitsmaßnahmen oft zum Einsturz der Schächte und zur Destabilisierung ganzer Hänge. Ausgeschwemmtes Uranerz und freigesetzte Uranschlacken verseuchen häufig Boden, Grund- und Flußwasser.

In alten Stollen und schlecht gesicherten Deponien

würden auch Abfälle aus der chinesischen Atomproduktion gelagert, erklärt Tenzin Choegyal Rinpoche, jüngster Bruder des Dalai Lama und Mitglied der tibetischen Exil-Regierung im indischen Dharamsala. Zudem bietet der chinesische Staatsbetrieb „China Nuclear Energy Industry" auch anderen Staaten die Lagerung von radioaktivem Müll auf der tibetischen Hochebene an – nach Informationen der tibetischen Exilregierung zum Preis von 1.500 US-Dollar pro Kilogramm. Deutsche Kernkraftwerksbetreiber dachten lange Zeit ernsthaft darüber nach, abgebrannte Nuklearbrennstäbe in China aufarbeiten zu lassen und dann wieder nach Deutschland zu transportieren. Ein deutscher Atomkraftwerksbetreiber bestätigte 1993, daß die bei der Aufbereitung entstehenden radioaktiv kontaminierten Säuren und Arbeitsmaterialien durchaus in Tibet hätten endgelagert werden können – in einem Land, das fast jedes Jahr von Erdbeben der Stärke sechs bis sieben auf der Richterskala heimgesucht wird. Das Angebot hat China noch immer nicht zurückgezogen, und nur der fehlende Energiekonsens in Deutschland hält die hiesigen Atombetreiber davon ab, ihre tödliche Fracht nach Tibet zu verschicken.

Leidtragende im Spiel der Nuklearwirtschaft sind die Tibeter, die in der Nähe der Uranbergwerke und Atommülldeponien leben, und die nicht über die Risiken informiert, geschweige denn vor den Gefahren geschützt werden. Tibetische Zeugen berichten regelmäßig von Unfällen aufgrund fehlender Sicherheitsmaßnahmen, von Todesfällen und rätselhaften Krankheiten und von mißgebildeten Neugeborenen durch die atomare Verseuchung der Böden und Gewässer.

Chinas geheime Atomprojekte in Tibet

Das geheimste aller chinesischen Atomprojekte auf dem Dach der Welt trägt den Code-Namen „Neunte Akademie" und befindet sich in der Ortschaft Haiyan, 100 Kilometer westlich von Xining und 30 Kilometer östlich des Tso Ngonpo-Sees in Amdo, Nord-Tibet. Weite Areale in der Nähe des Sees, den die Tibeter auch „Koko Nor" und die Chinesen Qinghai-Hu (Qinghai-See) nennen, sind hermetisch abgeriegelt. Hier befindet sich Pekings „Los Alamos", denn die chinesische Atombombe wurde hier entwickelt.

Anfang der sechziger Jahre errichteten chinesische Wissenschaftler unter der Aufsicht hoher Militärs eine riesige, zum Teil unterirdisch angelegte Geheimstadt, die „Nordwest-Akademie zur Erforschung und Konstruktion von Nuklearwaffen". Als die Menschenrechtsorganisation „International Campaign for Tibet" (ICT, Washington) im April 1993 erstmals Fotos der geheimen Atomschmiede veröffentlichte, von der tibetische Viehhirten in der Region sagen, sie „vergifte ihre Umwelt", bestätigte sich ein alter Verdacht des amerikanischen Geheimdienstes CIA, der schon 1966 eine Atomwaffenfabrik in Nord-Tibet vermutete. Peking hatte erstmals 1987 in der englisch-sprachigen Zeitung „China Today" die Existenz des Kernwaffenkomplexes zugegeben – verschwieg aber die Auswirkungen der dort stattfindenden „Forschungen" auf Menschen und Tiere in der Umgebung.

Immer wieder kommt es nämlich zu ungeklärten Todesfällen im Umfeld der „Akademie". 1993 berichtete Dr. Tashi Dolma, eine 30jährige tibetische Ärztin, die drei Jahre zuvor aus Tibet fliehen konnte, von „seltsamen Symptomen und unbekannten Krankheiten", die Menschen und Tiere des Gebietes befallen. Die Nomaden und Viehhirten am See klagen über mysteriöse Todesfälle, Totgeburten und entstellte Neugeborene. „Wir untersuchten mehr als 2000 Personen in drei Distrikten und zwei Dörfern (Reshui und Ganzihe), die in unmittelbarer Nähe zum Atomkomplex liegen", berichtete Dr. Dolma in Washington. Im Blut vieler Kinder, die zur Untersuchung in ein Krankenhaus in Chabcha (chines. Name: Gonghe) eingeliefert wurden, bildeten sich unnatürlich viele weiße Blutkörperchen. Die gleichen Symptome beobachteten Ärzte 1945 bei Atombombenopfern in Hiroshima und Nagasaki. „Sieben der acht bis vierzehn Jahre alten Kinder starben während meines Aufenthalts in Chabcha", erinnert sich die Ärztin.

Während die Atombomben im 1000 Kilometer weiter westlich gelegenen ost-turkestanischen Lop Nor „getestet" wurden, blieb der bei der Produktion anfallende nukleare Müll in Haiyan – wobei man nicht weiß, wie und unter welchen Umständen der strahlende Abfall gelagert wird. Ende der siebziger Jahre wurde auf dem Gelände der Neunten Akademie auch ein „Institut der Chemischen Industrie" errichtet, das der Anreicherung von waffenfähigem Uran diente. Ob in Haiyan auch heute noch Uran angereichert wird, steht nicht fest. Unterdessen verdichten sich aber Hinweise, daß Peking hier in Zukunft Atommüll entsorgen wird.

Die chinesische Nachrichtenagentur Xinhua meldete am 20. Oktober 1993, daß „vier Deponien für radioaktive Abfälle im Nordwesten, Südwesten, Osten und Süden" gebaut würden. Im chinesischen Sprachgebrauch werden Nordost-Tibet (die heutige Provinz Qinghai, wo sich die Neunte Akademie befindet) und Ost-Turkestan (Xinjiang) als „Nordwesten", und die „Autonome Region Tibet" als „Südwesten" bezeichnet.

„Damit steht endgültig fest", erklärt Tsewang Norbu, in Deutschland lebender Tibeter, „daß China in Tibet Umweltrassismus der gefährlichsten Art begeht." Der Vorsitzende der Umweltorganisation „ECO-Tibet" (Environmental Concern Over Tibet), einer Arbeitsgruppe der Tibet Initiative Deutschland, verweist auf die hohe Erdbebengefährdung der Region und das Entspringen der sieben größten asiatischen Flüsse im tibetischen Hochland: Gelber Fluß (Huang He), Jangtsekiang (Chang Jiang), Brahmaputra, Indus, Sutley, Salween und Mekong. „Sollten diese Flußsysteme radioaktiv verseucht werden", warnt Norbu, „würden 47 Prozent der Weltbevölkerung, die in den von diesen Flüssen bewässerten Ländern leben, akut gefährdet."

Ein Wasserkraftwerk in 4000 Metern Höhe – mit katastrophalen Folgen

Bedroht ist auch der den Tibetern heilige, 800 Quadratkilometer großen Yamdrok-Tso. Türkisblau schimmert der See in den tibetischen Bergen, hoch oben im Himalaya. Die Form des gewaltigen Gewässers erinnert an die eines Skorpions, der mit weit ausgestreckten Scheren 120 Kilometer vor den Toren Lhasas liegt, als wolle er die heilige Stadt vor einer fremden Macht bewahren.

Hier bauen die chinesischen Besatzer zur Zeit ein

Wasserkraftwerk, dessen Errichtung Teil des Wirtschaftsplans ist, aus Tibet eine chinesische Sonderwirtschaftszone nach dem Vorbild der Boom-Towns in Ost-Chinas Küstenregionen zu machen. Das Projekt stößt bei der tibetschen Bevölkerung auf heftigen Widerstand. In 4440 Meter Höhe sollen die Wasser des drittgrößten tibetischen Sees entnommen und durch neuneinhalb Kilometer lange Tunnel den 846 Meter tiefer gelegenen Turbinen zugeführt werden. Vier fünfundzwanzig Megawatt starke Generatoren werden dort ab 1996 Strom erzeugen und bei Bedarf schmutzig-braunes Wasser aus dem Tsangpo in den zuflußlosen See zurückpumpen.

Besorgte tibetische, aber auch chinesische Kader der „Autonomen Region Tibet" beantragten 1985 auf dem Nationalen Volkskongreß in Peking die Einstellung des Projekts, das ihrer Meinung nach katastrophale Auswirkungen hätte: Die permanente Turbulenz, die durch das ständige Ablassen und Wiederauffüllen des Wassers erzeugt wird, schade der empfindlichen Ökologie des Sees; das saubere, türkisblaue Seewasser würde auf Dauer durch schmutziges Fluß- und Speicherwasser ersetzt. Zudem drohen das Absinken des Wasserspiegels und ein großes Fischsterben. Da der überwiegende Teil der lokalen Bevölkerung vom Fischfang lebe, würde den Menschen am Yamdrok-Tso die Lebensgrundlage entzogen. Auch der Panchen Lama, der zweithöchste religiöse Würdenträger Tibets, kämpfte vehement gegen das Wasserkraftwerk. Im Jahr 1986 wurde daraufhin das Projekt zunächst auf Eis gelegt. Doch schon wenige Monate nach dem mysteriösen Tod des Panchen Lama nahm China im August 1989 die Arbeiten zum Bau des Wasserkraftwerks wieder auf. Seitdem wurden zahlreiche tibetische Viehhirten im Baugebiet ohne Entschädigung enteignet und vertrieben.

Auch der Dalai Lama fordert energisch die Einstellung des Projekts und appelliert an die internationale Staatengemeinschaft, sich nicht daran zu beteiligen. Das Wasserkraftwerk nutze nicht den Tibetern, sondern schaffe lediglich die Vorraussetzungen zur Ansiedlung weiterer Chinesen auf dem Dach der Welt. „Schon heute leben in Tibet siebeneinhalb Millionen Chinesen, die die sechs Millionen Tibeter zur Minderheit im eigenen Land machen", erklärte der Dalai Lama Ende April 1994 in Bonn. Zudem würde Peking die Ansiedlung weiterer 100 000 Chinesen vorbereiten. Die stetig anwachsende Zahl der Chinesen in seinem Land sei derzeit die größte Gefahr für Tibet. Dadurch wüchsen nicht nur die Spannungen in der Bevölkerung, sondern auch die Gefahren für die Umwelt, unterstrich der Friedensnobelpreisträger. „Die Chinesen kommen in erster Linie nach Tibet, um Geld zu verdienen. Dafür ist ihnen jedes Mittel recht. Sie fischen unsere Flüsse leer, jagen die Wildtiere und holzen die Wälder ab. Der Zuzug der Chinesen führt zur Zerstörung unserer Umwelt."

Trotz eindringlicher Warnungen des Dalai Lama fand sich eine europäische Firma, die sich an dem Wasserkraft-Projekt beteiligt. Die zu 49 Prozent dem österreichischen Staat gehörende Elin Energieversorgung GmbH in Wien liefert die vier wesentlichen Kraftwerksgeneratoren – und weist jede Kritik von sich: Mit Tibetern habe man nicht gesprochen und von negativen ökologischen Folgen des angestrebten Projekts hätten die chinesischen Verhandlungspartner der Firma schließlich nichts gesagt. „Wenn dadurch mehr Chinesen nach Tibet kommen, liegt das außerhalb unseres Einflußbereiches", beteuert eine Sprecherin des Unternehmens. Zudem sei die Firma schließlich ein Wirtschaftsunternehmen, das „schauen muß, daß der Rubel rollt".

„Reich werden" – durch die Abholzung tibetischer Wälder

Je mehr Chinesen nach Tibet einwandern, desto mehr muß sich auch die tibetische Bevölkerung den von China diktierten Lebensweisen anpassen. Chinesische Schulen lassen tibetische Kinder jeden Morgen die rote Staatsflagge grüßen. Chinesische Schulbücher verkünden Lobpreise auf das „fortschrittliche" chinesische Mutterland gegenüber dem „rückständigen" tibetischen Volk. Chinesische Lehrer propagieren die wichtigste Lehre des greisen Lenkers Deng Xiaoping: Reich werden. Für buddhistische Ethik und den Erhalt der Harmonie zwischen Mensch und Natur bleibt keine Zeit.

Davon weiß auch Sonam in seinem Zelt in Ost-Tibet ein Lied zu singen. Den ganzen Tag war er im Wald gewesen, um mit den anderen Männern aus seinem Tal Bäume zu fällen. Das geht ihm mächtig gegen den Strich, erzählt er. Bäume zu fällen, ohne neue anzupflanzen, widerspricht seinem Verständnis von einem maßvollen Umgang mit der Natur. Wälder zu roden, nur damit an anderer Stelle, weit weg, chinesische Öfen befeuert und chinesische Häuser gebaut werden können, darin sieht Sonam keinen Sinn. Doch eine andere Möglichkeit, Geld zu verdienen, hat er nicht. Längst haben stetig einwandernde Chinesen alle Berufsgruppen erobert, treiben Handel und betreiben in riesigen landwirtschaftlichen Kollektiven Ackerbau und Viehzucht. Schon lange sind die Tibeter weit in den sozialen und beruflichen Hintergrund gedrängt worden. Nur die einfachsten, kräftezehrendsten und schlechtbezahltesten Jobs werden Tibetern angeboten. Doch selbst im mühevollen Straßen -und Bergbau wird es für die einheimische Bevölkerung immer schwieriger, sich im Kampf um einen Arbeitsplatz gegen die immer größe Zahl der chinesischen Tagelöhner zu behaupten. „Da kann ich froh sein, überhaupt noch Geld zu verdienen", erzählt Sonam. Und so ackert er tagaus, tagein in einer Waldarbeiterkolonne und sägt Bäume um.

„Holz für den Aufbau des Mutterlandes"

Sonam ist jetzt sechsundfünfzig. Als die Invasion begann und die ersten chinesischen Soldaten über die Bergkämme nach Ost-Tibet einfielen, war er gerade elf Jahre alt und konnte noch bequem unter den Yaks seines Vaters hindurchflitzen. Seine Eltern hatten ein Haus mit dicken Steinmauern und einem kleinen Stall, der sich an den Berghang schmiegte. Der Hang war dicht bewaldet, und die Kinder spielten hier häufig „Baumgeist" oder „Walddämon", erinnert sich Sonam. Ab und an habe man auch in der Vergangenheit Bäume gefällt, um Häuser und Ställe zu bauen. Damit die Bewohner des Tals nicht zuviele Bäume fällten, kontrollierten die Mönche des nahegelegenen Klosters den Einschlag.

Als die Chinesen ins Land kamen, änderte sich alles schlagartig. Das Holz würde dringend für den „Aufbau des Mutterlandes" benötigt, sagte man den überrannten Tibetern. Und so wurde Baum für Baum abgesägt und nach China transportiert. Wer sich gegen den Raubbau an den Wäldern zur Wehr setzte, wurde als „Konterrevolutionär" angeklagt und ins Arbeitslager geschickt. Viele Männer und Frauen, die sich damals den Holzarbeiterkolonnen in den Weg stellten, wurden im Tal nie wieder gesehen. Heute gibt es in Sonams Heimat weder das Kloster, noch den Wald. Nur noch Ruinen und kahle, tote Baumstümpfe sind übrig geblieben.

Waren vor dem Einmarsch der Chinesen in Tibet 221 800 Quadratkilomter Fläche mit dichten Wäldern bedeckt, so sind es heute nur noch 134 000. Allein zwischen 1959 und 1979 sägten Chinas Waldarbeiter mehr als 2,4 Millionen Kubikmeter Holz aus Tibets Wäldern, um es ins „Mutterland" zu transportieren. Überall schlugen chinesische Straßenbauarbeiter breite Schneisen in die Wälder, um den Schwertransportern der Forstwirtschaft den Abtransport der tibetischen Hölzer nach Chengdu und Golmud zu ermöglichen. Im Bezirk Kongpo, einem Waldgebiet zwischen Lhasa, Chamdo und der indischen Grenze, schwingen heute mehr als 20 000 chinesische Soldaten und Zwangsarbeiter die Äxte – Tag und Nacht. Eine vom 14. Dalai Lama 1980 nach Tibet gesandte Delegation mußte erschrocken feststellen, daß allein in der Holzindustrie von Ngapa 40 000, und in Dechen weitere 25 000 Arbeiter beschäftigt sind. Tibetische und ausländische Augenzeugen berichten von bis zu 150 Lastwagen langen Transporterkolonnen, die jeden Tag, vollbepackt mit abgesägten Stämmen, das wertvolle Holz nach China fahren.

Waldverluste. Folge 1: Klimaverschiebung

Ein großer Teil der Wälder wuchs früher entlang der Flußtäler in Amdo und im Südosten Tibets auf isolierten und mehr als 35 Grad steilen Hängen. Seit 1966 hat die Pekinger Regierung hier mehr als 50 Millionen Bäume fällen lassen und damit 70 Prozent des ehemaligen Bestandes an Fichten, Tannen, Pinien, Zypressen, Lärchen, Ahorn, Birken und Eichen vernichtet. Bergwälder sind Schutzwälder, die ihren Namen nicht ohne Grund tragen. Ein gesunder Bergwald kann zwar Lawinen, die oberhalb der Baumgrenze hinunterstürzen, nicht aufhalten, aber verhindern, daß sie sich in seiner Höhenlage bilden. Fällt Schnee, werden die Flocken zum großen Teil von der geschlossenen Kronendecke abgefangen. Ein Teil verdunstet noch auf den Nadeln und Blättern, während der Rest des Schnees nach und nach in unregelmäßigen Portionen auf den Waldboden klatscht. Die Beschattung sorgt für kleinräumig ungleiche Temperaturen am Boden – im Wald kann sich so keine homogene, gleichmäßig glatte und große Scheeschicht bilden, die als Schneebrett abbrechen und zu Tal rutschen könnte.

Infolge des Waldverlustes zeichnet sich nun eine Veränderung des Klimas ab. Abgeholzte Gebiete werden bei Schneefall im Winter zu riesigen Reflektorflächen, die die Sonnenstrahlen und ihre Wärmeenergie in die Atmosphäre zurückwerfen und auf diese Weise thermische Auswirkungen auf Luft und Wind haben. Heftigere Stürme, strengere Dürren und kürzere frostfreie Perioden sind die Folge. So dauert es jedes Jahr etwas länger, bis sich die Böden des tibetischen Plateaus erwärmen. Zudem verlängert sich der Zeitraum, bis der Schnee im Frühjahr soweit geschmolzen ist, um Pflanzen wieder wachsen zu lassen. Die Vegetationsperiode verkürzt sich entsprechend, und empfindliche Pflanzenarten verschwinden. Die von der ursprünglichen Bodenerwärmung erzeugten Luftströmungen entwickeln sich ebenfalls später und haben eine Schwächung und zeitliche Verschiebung des indischen Monsuns zur Folge.

Waldverluste.
Folge 2: Überschwemmungen in Asien

Wo der Wald stirbt, verliert der Berg Stabilität. Gut durchwurzelte Waldböden mit Moosen, Sträuchern und einer dicken Humusschicht saugen große Regenmengen auf wie ein Schwamm. Fehlt der Wald, vermehren sich die Abflußmengen und beginnen, die Hänge zu erodieren oder gänzlich abzurutschen – bis nur noch der kahle Fels übrigbleibt. Eine Wiederaufforstung ist dann nicht mehr möglich. Während in einem Mischwald mit belebtem Boden der Oberflächenabfluß nur etwa fünf und in einem Fichtenreinbestand sechs bis sieben Prozent beträgt, drohen auf kahlrasierten Hängen bis zu 100 Prozent der vom Himmel fallenden Wassermassen abzufließen. Die Folge: Große Sediment-, Gesteins- und Geröllmassen rutschen hinab in die Bergbäche und -flüsse.

Weil China auch weiterhin rücksichtslos und unvermindert Baum für Baum in Tibet abholzen läßt, verschlammen die großen Flüsse Asiens, die hier entspringen, mehr und mehr: der Machu, der in seinem weiteren Verlauf durch das Reich der Mitte Huang He (Gelber Fluß) heißt, der Tsangpo (Brahmaputra), der Senge Khabab (Indus), der Gyalmo Ngulchu (Salween) und der Zachu (Mekong). Die Schlammassen wälzen sich die Flußbetten hinab und führen nicht nur in Tibet und China, sondern auch in den Nachbarländern, zum Beispiel in Bangladesh, Jahr für Jahr zu verheerenden Überschwemmungskatastrophen. Neunzig Prozent des Wassers der tibetischen Flüsse fließt in die Anrainerstaaten und erreicht dort – von Pakistan im Westen über Indien, Nepal, Sikkim, Bhutan, Laos, Vietnam und Thailand im Süden bis in den Nordosten Chinas – 47 Prozent der Weltbevölkerung.

„Geld duftet nicht wie eine bunte Sommerwiese"

„Wenn der Mensch die Natur aus dem Gleichgewicht bringt, gerät er selbst ins Wanken", sagt Sonam und blickt traurig hinüber zum Wald, der Stück für Stück kleiner wird, und an den bald auch nur noch kahle Stümpfe erinnern werden. Mensch und Natur bildeten eine Einheit, seien eng miteinander verbunden, voneinander abhängig: „Wie sollen unsere Kinder ‚Baumgeist' oder ‚Walddämon' spielen, wenn weder Baum noch Wald vorhanden sind? Wovon sollen die Tiere leben, die auf die Bäume und Wälder angewiesen sind? Wovon sollen wir Menschen leben, wenn uns statt dichter Wälder und fetter Weiden nur trostlos kahle Hänge und fruchtlose Äcker bleiben?" Gold könne das Rauschen der Wälder nicht ersetzen, und Silber würde nicht so klar und frisch klingen, wie das klare Wasser eines Gebirgsbachs, meint Sonam. „Geld duftet nicht wie eine bunte Sommerwiese."

Der schützende Baum der gegenseitigen Abhängigkeit. Reflexionen eines buddhistischen Mönchs zur ökologischen Verantwortung

von Seiner Heiligkeit dem Dalai Lama

Im Laufe meiner ausgedehnten Reisen in Länder der ganzen Welt – reiche und arme, östliche und westliche – habe ich Menschen gesehen, die im Vergnügen schwelgen, und Menschen, die leiden. Der Fortschritt in Wissenschaft und Technik scheint wenig, außer einer linearen, quantitativen Verbesserung erbracht zu haben. Entwicklung bedeutet oft nichts weiter als mehr Häuser in mehr Städten. Als Ergebnis ist das ökologische Gleichgewicht – unsere Lebensgrundlage auf der Erde – massiv gestört.

Auf der anderen Seite hat das tibetische Volk in den alten Zeiten ein glückliches Leben im Einklang mit der Natur geführt, unbeeinträchtigt von Umweltverschmutzung. Heute hat uns der ökologische Verfall überall in der Welt, einschließlich Tibets, beinahe überholt. Ich bin fest davon überzeugt, daß wir ohne gemeinsame Anstrengungen, mit einem universalen Verantwortungsgefühl den schrittweisen Zusammenbruch jenes empfindlichen Ökosystems erleben werden, das uns erhält – und damit eine nicht unumkehrbare, unwiderrufliche Entwürdigung unseres Planeten Erde.

Die folgenden Verse sind verfaßt worden, um meine große Besorgnis zu unterstreichen und alle ebenso besorgten Menschen aufzurufen, sich kontinuierlich darum zu bemühen, die Zerstörung unserer Umwelt rückgängig zu machen und zu korrigieren.

1
O Erhabener Tathagata,
Vom Baume Iksvakus Geborener
Einzigartiger
Der Du um die allumfassende Natur
Der gegenseitigen Abhängigkeit
Zwischen der Umwelt und den fühlenden Wesen
Samsara und Nirwana
Beweglichem und Unbeweglichem weißt
Der Du die Welt aus Mitgefühl lehrst
Laß uns Deine Güte zuteil werden

2
O Befreier
Dessen Name Avalokitesvara ist
Der die Essenz des Mitgefühls
Aller Buddhas verkörpert
Wir bitten Dich flehentlich: Laß unseren Geist reifen
Und Früchte tragen, damit wir
Die Wirklichkeit erkennen
Bar aller Illusionen

3
Unsere verstockte Selbstsucht
Tief in unser Bewußtsein eingegraben
Verseucht, schändet und verschmutzt
Seit anfangsloser Zeit
Die Umwelt
Die geschaffen ist vom gemeinsamen Karma
Aller fühlenden Wesen

4
Seen und Teiche haben
Ihre Klarheit, ihre Kühle verloren
Die Atmosphäre ist vergiftet
Der Natur himmlisches Gewölbe
Am feurigen Firmament
Ist zersprungen
Und die fühlenden Wesen leiden an Krankheiten
Die sie früher nicht gekannt

5
Berge ewigen Schnees, in strahlender Schönheit
Beugen sich und schmelzen zu Wasser
Die majestätischen Weltmeere verlieren
Ihr natürliches Gleichgewicht
Und überfluten die Inseln

6
Die Gefahren durch Feuer, Wasser und Wind sind grenzenlos
Drückende Hitze trocknet unsere üppig grünen Wälder aus
Unsere Welt wird von außergewöhnlichen Stürmen gepeitscht
Und die Meere verlieren ihre selbstreinigenden Kräfte

7
Zwar fehlt es den Menschen nicht an Wohlstand
Es ist ihnen jedoch versagt, klare Luft zu atmen
Regen und Flüsse reinigen sich nicht mehr
Sind nur noch trübe, energielose Flüssigkeiten

8
Die Menschen
Und die zahllosen Kreaturen
Die Wasser und Land bevölkern
Taumeln unter dem Joch physischer Schmerzen
Hervorgerufen durch bösartige Krankheiten
Ihr Bewußtsein ist getrübt
Von Trägheit, Stumpfsinn und Unwissenheit
Die Freuden von Körper und Geist
Sind weit weit weg

9
Wir machen im Übermaß Gebrauch von künstlichen, chemischen Substanzen
Reißen Bäume und Pflanzen aus,
Um unsere momentane Gier zu befriedigen
Dadurch zerstören wir den guten Gehalt der fruchtbaren Böden

10
Die Natur der gegenseitigen Abhängigkeit
Der äußeren Umwelt
Und der inneren Welt der Menschen
Beschrieben in den Tantras
In medizinischen Texten und in der Astronomie
Ist wahrlich bestätigt worden
Von unseren gegenwärtigen Erfahrungen

11
Die Erde ist die Heimat der Lebewesen
Gleichmütig und unparteiisch gegenüber
Dem Beweglichen und Unbeweglichen
So sprach der Buddha wahrheitsgemäß
Und Zeugnis legte ihm ab die große Erde

12
Wie ein edler Mensch die Freundlichkeit
Der liebenden Mutter erkennt
Und sie zu erwidern sucht
Sollten wir die Erde, die universale Mutter
Die alles in gleichem Maße nährt
Mit Zuneigung und Sorgfalt betrachten

13
Gib jegliche Verschwendung auf
Verschmutze nicht die reine, klare Natur
Der vier Elemente,
Um nicht das Wohlergehen der Menschen zu vernichten
Gehe vielmehr ganz in Taten auf
Die allen zum Nutzen gereichen

14
Unter einem Baum ward der große Weise
Buddha geboren
Unter einem Baum überwand er die Leidenschaften
Und erlangte Erleuchtung
Unter zwei Bäumen ging er ins Nirwana ein
Wahrlich der Buddha schätzte den Baum hoch

15
Dieses Fleckchen Erde, wo Lama Tsongkapa,
Eine Emanation des Beschützers Manjusri
Mit den Haupt- und Nebenmerkmalen eines Buddha,
Geburt annahm
Ist bekannt als der Ort, der geschmückt ist
Mit einem Sandelholzbaum,
Der hunderttausend Bildnisse des Buddha trägt

16
Ist nicht wohl bekannt
Daß viele überweltliche Weisheitsgottheiten
Mächtige Götter und Nagas,
Die das Land schützen und pflegen
Sich in Bäumen niederlassen

17
Gut gedeihende Bäume klären den Wind
Helfen uns die lebenserhaltende Luft zu atmen
Sie erfreuen das Auge und besänftigen den Geist
Ihre Schatten bieten
Einen willkommenen Ruheplatz

18
Im Vinaya lehrte der Buddha den Mönchen
Die zarten Bäume zu pflegen
Daraus erlernen wir die Tugend
Bäume zu pflanzen und zu hegen

19
Der Buddha verbot den Mönchen
Lebende Pflanzen zu schneiden
Und andere dazu zu veranlassen
Samen zu vernichten oder
Frisches grünes Gras zu schneiden
Sollte uns dies nicht inspirieren
Unsere Umwelt zu lieben und zu schützen?

20
Heißt es doch, daß in den himmlischen Gefilden
Die Bäume
Buddhas Segen ausstrahlen
Und widerhallen den Klang

Der essentiellen buddhistischen Lehren
Wie die der Unbeständigkeit

21
Der Baum ist es, der den Regen bringt
Es sind die Bäume, die die Böden zusammenhalten
Kalpa-Taru der wunscherfüllende Baum
Bewohnt wirklich unsere Erde
Um allen Zwecken zu dienen

22
In alten Zeiten
Genossen unsere Vorfahren die Früchte der Bäume
Kleideten sich mit den Blättern
Entdecken das Feuer durch das Reiben des Holzes
Suchten Schutz unter dem Blätterdach
Wenn Gefahr im Verzug war

23
Sogar im Zeitalter der Wissenschaften
Der Technologie
Bieten Bäume uns Zuflucht
Aus ihnen sind die Stühle, auf denen wir sitzen
Und die Betten, in denen wir schlafen
Wenn das Herz lodert
Durch das Feuer des Zornes
Angefacht durch Streit
Sorgen Bäume für willkommene
Erfrischende Kühle

24
Bäume und Pflanzen sind die Grundlage
Alles Lebens der Erde
Wenn sie vernichtet werden,

Wird dieser Kontinent Dschambudvipa, der den
Namen vom Laut
des Jambu-Baumes hat,
Nicht mehr sein
Als eine trostlose, furchteinflößende Wüste.

25
Nichts ist den lebenden Kreaturen wichtiger als das Leben
Dies beachtend sprach in den Regeln der Disziplin
Der Buddha Verbote aus
Wie den Gebrauch von Wasser
In dem sich lebende Wesen befinden

26
Im entlegenen Himalaya in alten Zeiten
Gab es in Tibet das Verbot zu jagen und zu fischen
Und in festgelegten Zeiten auch zu bauen
Diese Traditionen sind vortrefflich
Denn sie bewahren und schätzen
das Leben einfacher, hilfloser
Und wehrloser Geschöpfe

27
Mit dem Leben anderer Wesen zu spielen
Ohne Feingefühl und Skrupel
Wie durch das Jagen und Fischen als Sport
Ist ein Akt achtloser, unnützer Gewalt
Und eine Verletzung der unantastbaren Rechte
Aller Lebewesen

28
Achtsamkeit übend gegenüber der Natur
Der gegenseitigen Abhängigkeit aller Dinge

Belebter und unbelebter
Sollten wir niemals in dem Bemühen nachlassen
Die Kräfte der Natur zu bewahren und zu schonen

29
An einem bestimmten Tag, Monat, Jahr
Sollte man an dem feierlichen Brauch teilnehmen
Einen Baum zu pflanzen
So nimmt man seine Verantwortung wahr
Und dient seinen Mitgeschöpfen
Das bringt nicht nur uns selbst Glück
Sondern Nutzen für alle

30
Möge die Kraft zu befolgen, was recht ist
Und zu unterlassen, was falsche Praxis
Und schlechte Taten sind
Den Wohlstand in der Welt nähren
Möge sie die Lebewesen stärken und erblühen lassen
Mögen wahre Freude und echtes Glück
Stetig wachsen, stetig sich verbreiten
Und alles Seiende umfassen

Glossar

Abhängiges Entstehen: Grundlage jeder buddhistischen Ansicht, wobei die einzelnen Schulen sie unterschiedlich subtil erklären. Die grobe Abhängigkeit ist die Abhängigkeit aller Phänomene von den Ursachen und Umständen, von denen sie hervorgebracht sind. Auf einer subtileren Ebene wird die Abhängigkeit aller Phänomene von ihren Teilen und von ihrer Benennung (mit sprachlichen oder gedanklichen Begriffen) erklärt.

Aggregate (Skandhas): fünf Gruppen von körperlichen und geistigen Faktoren, die unsere Person bedingen: das Körperliche, die Empfindungen, die Unterscheidungen, die Gestaltenden Faktoren und die sechs Hauptbewußtseinsarten. Die gegenwärtigen, uns zur Verfügung stehenden Aggregate sind größtenteils ein Resultat unseres eigenen Karmas.

Befleckt werden äußere Dinge und Geisteszustände genannt, die mit Leidenschaften verbunden sind und diese weiter anwachsen lassen. Alle Dinge, außer den wahren Pfaden (siehe *Vier Edle Wahrheiten*) sind befleckt.

Bodhisattva: ein „Mutiger, dessen Wille auf die Erleuchtung gerichtet ist". Ein Bodhisattva ist jemand, der stets die höchste Erleuchtung eines Buddha anstrebt, um allen Lebewesen helfen zu können. Er ist ein Übender des *Mahayana*, da all sein Handeln auf das Wohl der Wesen gerichtet ist.

Buddha: Ein Buddha ist allwissend und frei von allen Fehlern. Er hat nicht nur die eigene höchste und dauerhafte Glückseligkeit erreicht, sondern wirkt gleichzeitig in vollendeter Weise zum Wohle aller anderen Wesen.

Daseinskreislauf (Samsara): das ununterbrochene Vergehen und Entstehen unserer leidhaften geistigen und körperlichen *Aggregate* als ein Resultat von verunreinigten Taten (*Karma*) und Leidenschaften. Daher ist der Daseinskreislauf in seinem Wesen das Leiden an mangelnder Freiheit und Selbstbestimmung.

Dharma: Die wörtliche Bedeutung von Dharma ist „halten, tragen". In der Religion bezieht sich Dharma vor allem auf die Lehre des Buddha; denn seine Anwendung „hält" uns aus leidvollem, aus unfreiem und schließlich aus jedem mit Hindernissen behafteten Dasein „heraus".

Fahrzeuge: Man unterscheidet verschiedene Fahrzeuge, also Geisteszustände, mit denen man die spirituellen Ziele erreicht. Das Kleine Fahrzeug zum Beispiel ist der Teil der Buddha-Lehre, der dazu dient, die persönliche Befreiung vom Leiden zu erlangen. Das Große Fahrzeug hat das Ziel der Buddhaschaft – ein Zustand, der frei von allen Fehlern und Hindernissen sowie mit allen Tugenden ausgestattet ist, um zum Wohl aller Wesen zu wirken.

Fünf Wissensgebiete: Medizin, Kunst und Handwerk, Sprache, Logik und das Wissensgebiet des Inneren (Philosophie, Psychologie und Religion).

Fünf Kräfte: Man muß in ausgewogenem Maße Vertrauen, Achtsamkeit, Tatkraft, Konzentration und Weisheit schulen, um Fortschritte auf dem spirituellen Pfad zu machen.

Geistesfaktoren: Geistesfaktoren sind Faktoren des Bewußtseins, die eine Besonderheit des Objektes feststellen und in fünffacher Weise mit dem Hauptbewußtsein, das sie begleiten, übereinstimmen. Siehe auch *Leidenschaften*.

Geisteskontinuum: Der ununterbrochene Strom des Bewußtseins, der sich von Existenz zu Existenz fortsetzt.

Geistige Ruhe (Samatha): Die Natur der Geistigen Ruhe besteht in dem punktförmigen und unabgelenkten Verweilen des Geistes auf einem beliebigen Objekt, wobei dieses Verweilen von der Glückseligkeit einer besonderen körperlichen und geistigen Beweglichkeit begleitet wird. Basiert die Übung der Geistigen Ruhe auf der Zufluchtnahme zu den Drei Juwelen, dann handelt es sich um eine buddhistische Übung (siehe *Zuflucht*).

Heiliger: Jemand, der die Selbstlosigkeit oder Leerheit direkt und unbegrifflich erfaßt. Aufgrund seiner tiefen Einsicht in die Wirklichkeit wird er nicht mehr als gewöhnliches Wesen bezeichnet, sondern als Heiliger.

Höchstes Yoga Tantra: Die höchste der vier Tantraklassen (siehe *Tantra*).

Inhärente Existenz: das, was nach dem System der Prasangika-Madyamaka-Philosophie durch die Leerheit verneint wird. Der indische Kommentator Candrakirti beschreibt sie im „Eintritt in den Mittleren Weg": „Selbst bedeutet inhärente Existenz, ein Sein der Dinge, das von anderem nicht abhängig ist. Daß solches nicht existiert, ist die Selbstlosigkeit."

Karma: All unsere Handlungen, die wir mit Körper, Rede und Geist ausführen, hinterlassen Anlagen im Bewußtsein, die je nach der Art der Handlung zu glücklichen, leidvollen oder indifferenten Erfahrungen führen, wenn sie später mit äußeren Umständen zusammentreffen. Unterteilt man die Taten entsprechend der Wirkungen, die sie hervorbringen, so gibt es drei Kategorien: heilsame, unheilsame und unbewegliche Taten. Heilsame Handlungen führen zu glücklichen Daseinsbereichen wie denen der Menschen. Unheilsame Taten führen in elende Daseinsbereiche, z. B. eine Tierexistenz. Unbewegliche Taten führen zu den höheren Bereichen der Körperlichkeit oder der Körperlosigkeit, die vor allem durch die Übung von Konzentration erreicht werden.

Leerheit: in den philosophischen Schulen des Mahayana die endgültige Seinsweise alles Existierenden. Nach der Philosophie des Mittleren Weges sind die Leerheit von wahrer Existenz und die Selbstlosigkeit gleichbedeutend. Da die Dinge abhängig existieren, haben sie kein ihnen unabhängig innewohnendes Wesen.

Leidenschaften: diejenigen *Geistesfaktoren*, die den Geist in einen unausgeglichenen, unbeherrschten Zustand versetzen. Die wesentlichen sind Haß, Gier und Verblendung. Alle Leidenschaften sind mit der Verkennung der Realität verbunden. In Asangas Kompendium des Höheren Wissens werden sie aufgeteilt in sechs Wurzelleidenschaften: Begierde, Haß, Stolz, Unwissenheit, verblendeter Zweifel und leidverursachende Ansichten, und zwanzig Nebenleidenschaften: Wut, nachtragende Feindseligkeit, Verbergen der eigenen Fehler, Ärger, Neid, Geiz, Heuchelei, Verhehlen, überhebliche Selbstzufriedenheit, Unbarmherzigkeit, mangelnde Selbstachtung, fehlende Rücksicht, Dumpfheit, Erregung, fehlendes Vertrauen, Faulheit, mangelnde Selbstbeherrschung, Vergeßlichkeit, mangelnde Selbstprüfung, Ablenkung.

Mahayana, auch Großes Fahrzeug genannt, weil es die Last und Verantwortung für das Wohl aller Wesen und nicht, wie das Kleine Fahrzeug, nur für die eigene Befreiung trägt.

Der Unterschied liegt in der Stärke der geistigen Kraft, der Entschlossenheit und des Mutes, auf denen der Pfad gründet. Das Ziel der Ausübung des Großen Pfades ist es, ein Buddha zu werden.

Mittlerer Weg (Madhyamaka): eine buddhistische Philosophie-Schule, die von Nagarjuna, Candrakirti und anderen indischen Meistern auf der Grundlage der vom Buddha gelehrten Sutras über die Vollkommenheit der Weisheit begründet wurde. Sie legt die endgültige Existenzweise, die *Leerheit* aller Phänomene dar.

Pfade: Heilsame Geisteszustände, die von einer nicht-künstlichen, d. h. spontanen Motivation der Entsagung (also des Strebens nach Befreiung) oder des Erleuchtungsgeistes (das ist das Streben nach dem Wohle aller Lebewesen) getragen sind. Der wesentliche Pfad zur Befreiung des Geistes ist die unmittelbare Einsicht in die Selbstlosigkeit.

Selbstlosigkeit: Alle buddhistischen philosophischen Schulen verneinen ein Selbst oder eine Seele der Person, die von Ursachen und Umständen nicht beeinflußbar ist, die beständig ist, die keine unterschiedlichen Teile besitzt, die von den körperlichen und geistigen Aggregationen losgelöst existiert und daher unabhängig ist.

Sutras über die Vollkommenheit der Weisheit: Die Lehrreden des Buddha, in denen er die Leerheit von wahrer Existenz aller Phänomene dargelegt hat. Auf diese Sutras berufen sich die Schulen des *Mittleren Weges*.

Tantra: Pfad des Mahayana, der dazu dient, den Geist vor gewöhnlichen, verunreinigten Wahrnehmungs- und Beurteilungsweisen zu schützen. Das Tantra ist nur für besonders qualifizierte Schüler geeignet. Der Übende identifiziert sich mit den vollkommenen Tugenden und der Reinheit eines Buddha und nimmt auf diese Weise das Resultat in den Pfad hinein. Das dem Tantra zugrundeliegende Mitgefühl mit allen fühlenden Wesen und die Entschlossenheit sind so groß, daß der Übende nach Mitteln strebt, um schneller als im *Vollkommenheitsfahrzeug* die Buddhaschaft zu erlangen.

Unwissenheit: Geistesfaktor, der getrübt ist in bezug auf die Bestehensweise der Phänomene, besonders hinsichtlich der Existenzweise des Ich. Unwissenheit ist nicht bloßes Nicht-Wissen, sondern eine falsche Auffassung, die der

Wirklichkeit entgegengesetzt ist. Unwissenheit gilt als die Wurzel des *Daseinskreislaufs*, denn auf ihrer Grundlage entstehen die *Leidenschaften*, die wiederum befleckte Taten (Karma) hervorrufen.

Vier edle Wahrheiten: Sie enthalten die grundlegenden Lehren des Buddha: Erstens die Wahrheit vom Leiden, zweitens die Wahrheit von den Ursachen des Leidens, drittens die Wahrheit von der Beendigung des Leidens und viertens die Wahrheit vom Pfad, der zur Beendigung führt.

Vollkommenheitsfahrzeug: Das nicht-tantrische Fahrzeug des Mahayana.

Wahre Existenz: Dem gewöhnlichen Bewußtsein erscheinen die Phänomene als wahrhaft existent. Nach der Philosophie des *Mittleren Weges* jedoch existieren die Phänomene nicht, wie sie erscheinen – als wahrhaft existent – sondern in Abhängigkeit. Die irrtümlich den Dingen zugeschriebene wahre Existenzweise ist das, was von der Leerheit ausgeschlossen wird.

Zehn Unheilsame Handlungen: Diese lehrte der Buddha als verwerflich, da sie schlechtes *Karma* verursachen und zu niedrigen Existenzen im Daseinskreislauf führen. Es sind drei Handlungen des Körpers: Töten, Stehlen und sexuelles Fehlverhalten (z. B. Ehebruch), vier Handlungen der Rede: Lügen, Zwietracht säen, grobe Rede und sinnlose Rede führen, und drei geistige Handlungen: Habgier, Übelwollen und verkehrte Ansichten (z. B. Leugnen des Gesetzes von Karma).

Zwischenzustand: Das Kontinuum der körperlichen und geistigen Aggregate zwischen Tod und Wiedergeburt. Im Zwischenzustand nimmt das Wesen einen Geistkörper an, der dem Körper der nachfolgenden Existenz ähnelt. Die Dauer des Zwischenzustandes beträgt im allgemeinen mindestens eine bis höchstens sieben Wochen.

Zuflucht: In der buddhistischen Zuflucht setzt man seine Hoffnung und Zuversicht auf die Drei Juwelen – als einziges Mittel, um sich endgültig vom Leiden zu befreien. Dabei ist *Buddha* der höchste Lehrer, *Dharma* (die Lehre) der eigentliche Schutz, und *Sangha* (die geistige Gemeinschaft) die beste Unterstützung, um diesen Schutz selbst zu verwirklichen.

Die Autoren

Dalai Lama, Tenzin Gyatso wurde 1935 in Osttibet geboren. Die höchsten geistigen Lehrer Tibets schulten ihn bereits als Kind; schon im Alter von 16 Jahren ließ er sich als weltliches und geistiges Oberhaupt Tibets einsetzen. 1959 floh er, nach der Besetzung Tibets durch die Chinesen, nach Nordindien ins Exil. Als Anerkennung seines unermüdlichen, gewaltlosen Kampfes für die Befreiung Tibets und seines weltweiten Engagements für den Frieden wurde ihm 1989 der Friedensnobelpreis verliehen. Bei *Herder/Spektrum* erschienen: Zeiten des Friedens; Einführung in den Buddhismus. Die Harward-Vorlesungen; Die Sehnsucht nach dem Wesentlichen. Gespräche in Bodhgaya; Mitgefühl und Weisheit. Ein großer Mensch im Gespräch mit Felizitas von Schönborn.

Der Text „Universelle Verantwortung und unsere globale Umwelt" (leicht gekürzt) wurde am 7.6.1992 als Rede auf dem Welt-Umwelt-Gipfel (Globales Forum) der UN-Konferenz über Umwelt und Entwicklung in Rio de Janeiro, Brasilien, gehalten (Tibetan Bulletin Mai-Juni 1992); Das Gedicht „Der schützende Baum der gegenseitigen Abhängigkeit" wurde anläßlich der Übergabe einer Buddha-Statue vom tibetischen an das indische Volk am 2.10.1993 veröffentlicht.

Geshe Thubten Ngawang, tibetischer Gelehrter und Meditationsmeister, lebt seit 1979 als geistlicher Leiter im Tibetischen Zentrum in Hamburg. Mit elf Jahren wurde er Mönch im Kloster Sera in Zentraltibet; 1959 mußte er nach Indien flüchten. Hier legte er nach insgesamt 37 Jahren Studiums und religiöser Praxis die Prüfung für den Titel eines Lharampa-Geshe ab, des höchsten Ausbildungsgrades der großen Klosteruniversitäten. Im deutschsprachigen Raum hat Geshe Thubten Ngawang sich insbesondere durch das von ihm konzipierte „Systematische Studium des Buddhismus", das in sieben Jahren neben dem Beruf absolviert werden kann, große Anerkennung erworben.

Tenzin P. Atisha ist wissenschaftlicher Mitarbeiter der tibetischen Exilregierung und verantwortlich für das Ressort Umwelt und Entwicklung, ECO-Tibet, in Dharamsala (Nordindien). Er wurde 1954 in Tsakor (Westtibet) geboren. Seine Ausbildung erhielt er im indischen Exil, wo er seinen Master of Philosophy in Politikwissenschaften ablegte. ECO-Tibet, Environmental Concern Over Tibet (Sorge um die Umwelt Tibets) wurde im März 1990 in Dharamsala mit dem Ziel gegründet, die Öffentlichkeit auf die regionalen und globalen Folgen der Umweltzerstörung Tibets aufmerksam zu machen. Seit dem 1.9.1990 wird die Arbeit von ECO-Tibet in Deutschland von der Arbeitsgruppe „Umwelt" der Tibet Initiative Deutschland e. V. koordiniert.

ECO-Tibet, Fritz-Pullig-Str. 28, 5205 Sankt Augustin 2, Tel. 02241-203610

Peter von Stamm ist freier Journalist mit den Schwerpunktthemen Ökologie und Menschenrechte. Er wurde 1963 in Lübeck geboren und lebt in Hamburg. Seine Arbeit führte ihn u. a. in die Mongolei, die ehemalige UdSSR, USA, Burma, Pakistan und Indien. Seit 1983 bereist Peter von Stamm regelmäßig die VR China und Tibet. Mit dem von China okkupierten Land Tibet fühlt er sich sehr verbunden; seit 1991 engagiert er sich in der „Tibet Initiative Deutschland". Peter von Stamm führte mehrere Interviews mit S. H. dem Dalai Lama und Mitgliedern der tibetischen Exilregierung. Er publiziert regelmäßig im Naturmagazin Kosmos und schreibt für Die Woche, Deutsches Allgemeines Sonntagsblatt, Der Tagesspiegel, TAZ, Abenteuer Natur, Die Welt und Die Frankfurter Rundschau.

Birgit Stratmann studierte Geschichte und Politikwissenschaften in Freiburg und Hamburg. Seit mehreren Jahren Studium des Buddhismus bei Geshe Thubten Ngawang in Hamburg. Sie arbeitet als freie Journalistin, u. a. für die Publikationsabteilung von Greenpeace; verantwortlich für die Zeitschrift „Tibet und Buddhismus".

Verantwortung der Religionen

Matthew Fox
**Der Weg der Verwandlung –
Geist und Kosmos**
Vorwort von Rupert
Sheldrake.
Nachwort von Bede Griffith
Band 4361

Geshe Rabten
**Das Buch vom heilsamen
Leben, vom Tod und der
Wiedergeburt**
Der Befreiungsweg im
tibetischen Buddhismus
Vorwort Dalai Lama
Band 4335

Dalai Lama
Mitgefühl und Weisheit
Ein großer Mensch im
Gespräch mit Felizitas von
Schönborn
Band 4288

Dalai Lama
**Einführung in den
Buddhismus**
Die Harvard-Vorlesungen
Band 4148

Dalai Lama
Zeiten des Friedens
Band 4065

Dalai Lama
**Sehnsucht nach dem
Wesentlichen**
Die Gespräche in Bodhgaya
Band 4229

Helena Norberg-Hodge
Leben in Ladakh
Mit einem Vorwort des Dalai
Lama
Band 4204

Das Ethos der Weltreligionen
Hinduismus, Buddhismus,
Konfuzianismus, Daoismus,
Judentum, Christentum,
Islam
Herausgegeben von Adel
Theodor Khoury
Band 4166

Die Reden des Buddha
Lehre, Verse, Erzählungen
Band 4112

Carl Friedrich von Weizsäcker
**Die Sterne sind glühende
Gaskugeln und Gott ist
gegenwärtig**
Über Religion und
Naturwissenschaft
Band 4077

HERDER / SPEKTRUM